INSTAGRAM MARKETING

Il Manuale più Completo sul Marketing Digitale
per Eccellere sul Social Network degli Influencer

FRANCESCO PAPA

ISBN: 978-1699580189
Prima Edizione: Ottobre 2019

SOMMARIO

Introduzione

Sono ormai diversi anni che una parola, strana e per certi versi difficile da pronunciare, è entrata prepotentemente a far parte del nostro vocabolario: **Instagrammer**.

Fino a non molto tempo fa sembrava solo una parola priva di senso associata a una delle tante mode del momento, ora identifica un particolare tipo di utente dei social media: l'utente di Instagram.

Per estensione, negli ultimi tempi il termine è diventato addirittura identificativo di una professione, quella di chi grazie a Instagram riesce a ottenere un ritorno economico tale da poter viverne esclusivamente.

Instagram è relativamente recente. Nato nel 2010 e proprietà di Facebook dal 2012, questo social network è in continua crescita. Ciò che fin da subito ha attirato maggiormente gli utenti è stato il focus sulla condivisione di contenuti visuali: Instagram, infatti, è il social media per eccellenza per postare, modificare e condividere immagini e video, accompagnati da brevi testi e didascalie.

In un'epoca in cui la diffusione delle fotocamere e degli smartphone ha reso immediato e facilissimo scattare fotografie e condividerle online, una piattaforma come Instagram non può che essere destinata a crescere e ad acquisire sempre maggiore importanza non solo per scopi privati e ricreativi, ma anche e soprattutto nell'ambito del marketing.

Sono sempre di più gli utenti che utilizzano Instagram come piattaforma per la costruzione e la crescita del loro *Brand*. Non solo aziende, ma anche singoli individui che offrono prodotti o servizi e sono interessati a far crescere il loro *personal brand*.

Non crediate però che utilizzare Instagram per promuovere il vostro brand consista in una semplice operazione di *advertising:* qui non si tratta solo di fare pubblicità. Affinché un profilo aziendale abbia successo, deve proporre contenuti ben concepiti e rilevanti per il consumatore o il cliente che si sta cercando di attrarre.

È bene sottolineare che lo scopo del marketing tramite i social media non è quello di interrompere l'esperienza dell'utente con una pubblicità intrusiva, ma di integrarsi nell'esperienza stessa del consumatore target "raccontando una storia" che sappia incuriosirlo, o creando contenuti a cui l'utente stesso è interessato, senza risultare fastidiosi e indisporre a priori il consumatore nei confronti del brand. La prima domanda da porsi è:

In che modo si misura il successo di un profilo Instagram (e di conseguenza la capacità di attrarre clientela)?

Naturalmente il numero di followers è importantissimo, ed è indicativo di quanto il vostro messaggio possa arrivare lontano in termini di diffusione. Ma il parametro che più di tutti fornisce la misura del vostro successo su Instagram è il cosiddetto *engagement,* ovvero il coinvolgimento del pubblico.

Se desiderate che la promozione del vostro brand faccia breccia nel cuore dei followers, dovete concentrarvi sull'**interazione**.

Che cosa significa questo, in pratica?

Tanto per cominciare, se siete interessati a creare un profilo aziendale su Instagram dovete dimenticare il linguaggio formale e ingessato dei cataloghi e delle brochure. I contenuti che sui social hanno maggior successo sono quelli caratterizzati da una voce ben definita, spontanea, rilassata e personale.

Ciò che dovete tenere sempre presente è che, anche se un'immagine o un post sono rivolti a tutti i potenziali clienti in modo generico, ciascuna interazione avviene sempre *con una solo persona alla volta,* come se steste trattando con ogni singolo potenziale cliente in maniera individuale.

L'Instagram marketing di successo si basa su alcuni principi fondamentali:

• Conoscete le esigenze del vostro pubblico

A chi vi rivolgete? Chi state cercando di attrarre verso il vostro prodotto o servizio?

Rispondere a queste domande è fondamentale per capire quali sono le esigenze delle persone con cui state parlando, per conoscere il linguaggio che usano (e che di conseguenza dovrete usare anche voi) e per anticipare i loro desideri.

• Narrate storie

Non limitatevi a magnificare il prodotto che offrite, ma raccontate la storia di chi il prodotto lo ha creato o lo utilizza. Mostrate come il vostro prodotto si inserisce nella vita di tutti i giorni e come la renda migliore. Condividete esperienze e raccontate storie. Lo *storytelling* è lo strumento fondamentale per una campagna di Instagram marketing di successo.

• Siate autentici

Ciò che deve trasparire dai vostri contenuti è che dietro c'è una persona reale, un essere umano del tutto simile a quello a cui il contenuto è rivolto e che è pronto a interagire.

Ciò che vi proponete di fare con un account aziendale di Instagram è affermare la vostra presenza online, creare un rapporto di fiducia e rispetto con gli utenti e trasformare quegli utenti in followers. Solo a questo punto potrete trasformare Instagram in uno strumento utile per il fine ultimo di una campagna di marketing: creare un bisogno (e mostrare una soluzione).

Quando avrete una base solida di followers pronti a trasformarsi in consumatori, potrete creare in loro il bisogno di avere il vostro prodotto o avvalersi del servizio che offrite per migliorare qualche aspetto della loro vita.

A questo punto non solo avrete per le mani una campagna di marketing di successo, ma sarete riusciti nell'intento di far acquisire alla vostra azienda o personal brand un valore—quello dato dalla fiducia dei followers, che saranno pronti ad acquistare anche i prodotti e i servizi che creerete in futuro.

Come stabilire obiettivi smart

Tutto questo—creare una presenza online solida, attirare followers e trasformarli in clienti fedeli—sembra più facile a dirsi che a farsi, vero? In un mondo fluido e in continua evoluzione come quello dei social network è difficile decidere su quale aspetto concentrarsi e soprattutto capire come muoversi.

La chiave che può aiutarvi a spalancare le porte per arrivare al successo è la corretta pianificazione degli obiettivi: se non sapete esattamente quale scopo state perseguendo con una determinata campagna, sarà molto più complesso arrivare al risultato e definire l'efficacia del vostro piano per il marketing. Ma come si fa a pianificare correttamente gli obiettivi?

Avete mai sentito parlare degli **obiettivi SMART**? Si tratta di un acronimo inglese che sta per: Specific, Measurable, Achievable, Realistic, Timebound. In italiano potremmo dire che gli obiettivi SMART sono obiettivi: **Specifici, Misurabili, Attuabili, Realistici e Tempificati.**

Questa strategia di pianificazione è di grande aiuto nello stabilire il risultato a cui puntare e nel misurare il successo del vostro piano marketing nel perseguire quell'obiettivo.

In parole povere? Provate a pensare ai buoni propositi per l'anno nuovo, quel momento in cui ci sediamo davanti a un foglio bianco e decidiamo a cosa mirare per l'anno che verrà. Normalmente tendiamo a scrivere cose come "perdere peso" oppure "fare più attività fisica": gli obiettivi pianificati in questo modo sono destinati a restare un buon proposito su un foglio di carta e niente di più, perché mancano di alcuni elementi fondamentali.

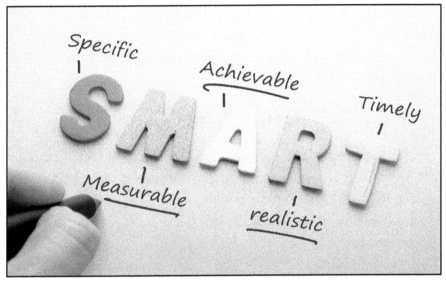

Provate invece a pensare di scrivere: "perdere 5 kg entro tre mesi". Questo è un obiettivo SMART, perché è specifico (ho stabilito esattamente quanto peso intendo perdere), è misurabile (posso vedere chiaramente i miei progressi grazie alla bilancia), è attuabile e realistico (non potete certo pianificare di perdere 20 kg in un mese, vi condannereste al fallimento) ed è "tempificato" (ha una scadenza, un limite entro il quale l'obiettivo dev'essere raggiunto).

Lo stesso principio può essere applicato al vostro piano di Instagram Marketing. Domandatevi innanzitutto qual è lo scopo della vostra campagna: che cosa volete ottenere da Instagram?

Un maggior numero di followers? Oppure un incremento delle vendite di un determinato prodotto? O ancora un aumento delle visualizzazioni dell'ultimo video che avete caricato su YouTube? Stabilite obiettivi chiari, concreti, misurabili e specifici. Ad esempio: "generare 1000 visualizzazioni del nuovo video promozionale in una settimana". In questo modo potrete non solo mettere in atto le migliori strategie per raggiungere quel singolo obiettivo specifico, ma anche misurare il successo del vostro piano di marketing in base allo scostamento del risultato ottenuto dalle vostre aspettative.

Definire il Target giusto

Come abbiamo già accennato, uno dei cardini dell'Instagram Marketing è sapere quali siano le esigenze delle persone che volete raggiungere. In altre parole, non è sufficiente pianificare accuratamente gli obiettivi da raggiungere: dovete **conoscere il vostro target**.

Per stabilirlo con precisione, provate a immaginare di costruire un identikit. Chi potrebbe essere il vostro cliente ideale? È un uomo o una donna? A che fascia di età appartiene? Che lavoro fa? In che tipo di casa vive? Quale automobile guida? Ha degli hobby o degli interessi a cui si dedica nel tempo libero? E soprattutto: *come si comporta sul web?*

Per rispondere a queste domande dovete approfondire la conoscenza delle abitudini delle persone a cui vi rivolgete: la prima cosa da fare è cominciare a frequentare i luoghi (virtuali) dove bazzicano i vostri potenziali clienti. Cercate i profili dei brand simili al vostro o con un target che corrisponde a quello che vorreste raggiungere e leggete i commenti. In questo modo potrete valutare se i follower interagiscono attivamente e a che tipo di contenuti sono interessati.

Analizzate anche le strategie messe in atto dai vostri concorrenti. Quali dei loro post hanno più successo? Gli utenti interagiscono maggiormente con i video o con le immagini? Preferiscono post spiritosi e ironici o articoli di informazione?

Tutto questo non significa che dovete ricopiare passo passo la strategia di un altro brand o riproporre gli stessi argomenti: come detto, una delle chiavi per l'Instagram marketing è *l'autenticità* (e di conseguenza, l'essere originali). Può però essere un buon modo per stabilire *chi* sono le persone a cui vi rivolgerete nelle vostre campagne di marketing, di modo da creare un identikit il più dettagliato possibile.

Per esempio: se i prodotti che avete intenzione di promuovere sono oggetti di design per la casa è probabile che il vostro target siano soprattutto donne, di un'età superiore ai trent'anni, con un reddito medio alto. Se invece il vostro prodotto di punta sono i gadget tecnologici, probabilmente il vostro target tipo sarà una popolazione più giovane di entrambi i sessi. È chiaro che nei due casi le strategie, il tipo di immagini, il linguaggio del messaggio, i colori e la grafica dovranno essere diversi e pensati specificamente per fare breccia nella psicologia di quel target.

A questo punto potreste sentirvi leggermente sopraffatti. L'utilizzo dei social media dovrebbe essere un'attività semplice e intuitiva, giusto?

Questo è vero solo finché impiegate i social network per scopi personali di svago. Se siete seriamente interessati a usare Instagram per migliorare la visibilità e la diffusione del vostro brand, dovete considerare la gestione dei profili social aziendali come parte integrante del vostro lavoro.

Il perché dell'Instagram Marketing

Vi starete chiedendo perché dovreste investire tempo e risorse sull'utilizzo di Instagram per la vostra azienda. Ebbene, le ragioni sono molteplici.

• Stabilire una presenza on-line
La presenza online sui social media è ormai uno strumento fondamentale per migliorare la visibilità dell'azienda. L'avvento dei social network, infatti, ha cambiato per sempre il modo di fare comunicazione e di relazionarsi con i clienti, spostando l'attenzione dal "metodo classico" di fare pubblicità al *content marketing:* significa che al classico messaggio pubblicitario si sostituiscono contenuti interessanti, creati dai brand non solo per attrarre clienti ma per creare un vero e proprio pubblico di sostenitori—i followers.
Oggi sono tantissime le aziende e i brand che hanno almeno un profilo social, ma tra queste solo il 30% ha un profilo Instagram. Le percentuali sono in continuo aumento, ma in ogni caso ciò riduce nettamente la concorrenza su questa piattaforma e costituisce un notevole incentivo al suo utilizzo. È il momento migliore per entrare nel mondo di Instagram e stabilire la vostra presenza aziendale online.

• Aumentare l'*engagement*
Il secondo motivo per cui Instagram è una piattaforma ottima per il marketing è l'*engagement*, ovvero il coinvolgimento dei clienti nell'interagire con i contenuti del profilo. È uno dei criteri per misurare il successo di una campagna di marketing: Instagram è il re dell'engagement sui social network ed esistono diverse strategie per sfruttarlo al meglio. **Calcolare l'engagement**

di un profilo Instagram è possibile applicando una formula matematica:

1. somma le interazioni degli ultimi 10 post scartando il più recente;
2. dividi per 10;
3. dividi per il numero di followers;
4. moltiplica per 100.

Una volta ottenuto l'*engagement rate* è possibile avere una misura di quanto i followers siano coinvolti dalle attività del profilo. In quest'ottica, è inutile avere moltissimi followers se il tasso di coinvolgimento è troppo basso: per aumentare l'engagement esistono numerose strategie, che partono da elementi semplici quali la scelta del nome e la biografia del profilo, e arrivano a strumenti più complessi quali il profilo aziendale.

•Creare una buona reputazione

Scegliere Instagram come strumento di marketing consente di stabilire una solida reputazione online.

La costruzione di una reputazione consiste nella **creazione di un'immagine del brand** tale da essere stimati, seguiti e rispettati nel tempo. Per ottenere questo genere di rispetto e la fiducia a lungo termine da parte del consumatore, è fondamentale trasmettere messaggi autentici e coerenti, capaci di rafforzare le idee e le sensazioni che desiderate comunicare tramite il vostro brand.

• Instaurare una relazione con il consumatore

Strettamente legata alla motivazione precedente è la possibilità di creare tramite Instagram una relazione diretta con il consumatore.

L'idea alla base del content marketing è quella di creare dei contenuti che il consumatore trovi interessanti, in modo da attirarlo verso il vostro profilo e indurlo a interagire. In questo modo si instaura un doppio canale di comunicazione, in cui voi potete dialogare con i vostri clienti tramite i contenuti e i vostri clienti possono comunicare con voi partecipando ai commenti e alle discussioni.

La relazione diretta che si può instaurare tramite Instagram è coadiuvata dalla combinazione di immagini e brevi testi, tipica della piattaforma. Perseverando nel tempo e proponendo una certa immagine del brand e dei suoi valori, si ottengono contemporaneamente due risultati: la costruzione di una reputazione di competenza nel vostro ambito e la creazione di una base di followers che interagiscono con voi.

Il segreto (e forse la parte più difficile) consiste nel mantenere nel tempo la propria immagine per far crescere la relazione di fiducia con il consumatore.

A questo scopo occorre continuare a produrre contenuti con cadenza regolare, facendo attenzione alla qualità di ciò che viene pubblicato e alla coerenza rispetto al messaggio e all'immagine del brand.

• **Promuovere i propri prodotti**

È questo lo scopo finale: arrivare ad avere una presenza online solida, con una nutrita base di followers, che siano pronti a trasformarsi in acquirenti del vostro prodotto o servizio. Instagram, in questo senso, offre un sistema ottimo per la promozione attraverso l'uso di contenuti visuali. E quando il profilo di base, personale e gratuito, non è più sufficiente a soddisfare le vostre esigenze, potete passare facilmente ad un **profilo aziendale**, il cosiddetto profilo business, che offre ottimi strumenti da impiegare per la promozione vera e propria.

Il profilo aziendale

Come molti dei social network in circolazione, anche Instagram offre due differenti tipi di profili, *personale* e *business*. L'**account business** è rivolto alle aziende e ai liberi professionisti che intendono mostrare il proprio lavoro e promuovere attività e prodotti tramite la piattaforma.

Il fatto che il profilo aziendale di Instagram sia gratuito costituisce un ottimo incentivo al suo utilizzo, infatti il passaggio da un profilo personale a uno business consente l'accesso a una serie di strumenti molto importanti per lo sviluppo del brand.

Accesso agli Instagram Insights

Gli *Insights*, letteralmente "informazioni utili" o "approfondimento", sono **informazioni statistiche** riguardo al vostro account.

Permettono di sapere quali contenuti hanno mostrato un maggior engagement, consentendovi di calibrare meglio le scelte future non solo dal punto di vista di *cosa* condividere ma anche *come* e *quando*. Gli Instagram Insights, infatti, forniscono dati relativi alle interazioni con i post e le storie che potrete filtrare per diverse categorie di informazioni, quali i "mi piace", le visite al profilo, la copertura, i salvataggi, ma anche informazioni riguardanti il vostro pubblico, la sua provenienza, l'età e le lingue che parla.

Possibilità di creare annunci pubblicitari

L'utilizzo di un profilo business vi apre la possibilità di creare **inserzioni pubblicitarie**. Instagram offre diverse tipologie di annunci per promuovere i contenuti:

• **inserzioni nei post**
La tipologia più semplice di annuncio, non per questo meno efficaci. Possono contenere un'immagine o un video (di sessanta secondi al massimo), in formato quadrato oppure orizzontale.

• **inserzioni nelle storie**
Le storie di Instagram sono uno strumento sempre più utilizzato dagli utenti del social network. Per questo inserire i vostri annunci pubblicitari nelle storie è un'ottima strategia per ottenere maggiore visibilità. In questo caso, occorre però seguire specifiche linee guida per quanto riguarda le dimensioni dei file e la durata massima dei video.

• **inserzioni carosello**
Sono inserzioni che consentono di inserire più immagini nello stesso annuncio: l'utente potrà vedere il carosello di immagini semplicemente facendo scorrere il dito sullo schermo.

La pubblicazione delle inserzioni su Instagram è condizionata al collegamento e sincronizzazione del profilo a una **pagina Facebook**. Una volta compiuta questa operazione preliminare, che può richiedere diversi giorni, scegliere quale post promuovere è semplicissimo.

È sufficiente infatti cercare il post che volete promuovere e premere sul pulsante *Promuovi*, quindi seguire la procedura guidata per stabilire la durata della promozione, il budget che intendete dedicarvi e così via.

Lo strumento più interessante di un annuncio è senza dubbio la possibilità di aggiungere un cosiddetto **pulsante** *call to action*, ovvero un pulsante che inviti coloro che visualizzano il vostro annuncio a compiere un'azione, sia essa visitare il vostro sito web, acquistare il vostro prodotto o richiedere maggiori informazioni.

Pubblicazione da desktop

Un'altra caratteristica interessante messa a disposizione dal profilo business riguarda la possibilità di pubblicare contenuti non solo dall'applicazione mobile, ma anche da PC. Instagram, infatti, consente ai profili personali di pubblicare solo tramite dispositivi mobili, cosa che può rivelarsi problematica e limitante nel caso di un profilo business dedicato al marketing aziendale. Per ovviare a questo problema bisogna ricorrere a uno strumento denominato **Creator Studio**, un tool predefinito di Facebook che serve per gestire gli account aziendali di Instagram collegati a una pagina Facebook. Grazie a questo strumento, è possibile pubblicare contenuti su Instagram tramite Facebook direttamente da desktop, senza dover ricorrere per forza allo smartphone o al tablet.

Biografia più efficace

La biografia è uno degli elementi più importanti del profilo Instagram: è la via più immediata che i vostri follower hanno per conoscervi, e per questo dev'essere curata nei minimi particolari. In generale, una buona biografia deve contenere i seguenti elementi:

• l'identità dell'azienda
Nella biografia dovete chiarire chi siete e qual è il nome del brand. Idealmente il nome dell'account dovrebbe essere lo stesso (o molto simile) su tutti i social che utilizzate.

• le parole chiave
Avete a disposizione solo 150 caratteri, per questo è importante spiegare in poche parole di cosa vi occupate. Per rendere più dinamico il testo, inserite qualche emoticon.

• gli obiettivi raggiunti
Se avete ottenuto premi o riconoscimenti, indicatelo nella biografia per fornire credibilità all'account.

• le informazioni di contatto dell'azienda
L'indirizzo del sito web dell'azienda dev'essere assolutamente presente. Visto che Instagram consente di inserire un unico link cliccabile proprio nella biografia, il consiglio è quello di indirizzare gli utenti al vostro sito per maggiori informazioni, ma può essere utile inserire invece un indirizzo E-mail per aiuto o informazioni.
Il vantaggio fornito dal profilo aziendale rispetto a quello personale è la possibilità di rendere visibili le informazioni di contatto, quali indirizzo E-mail e numero di telefono, così che i clienti possano contattarvi direttamente.

• una call to action

Invitate gli utenti che visitano il profilo a compiere un'azione, come scaricare un e-book gratuito, iscriversi alla newsletter o visualizzare l'ultimo video su YouTube.

Anche se può non sembrare importante, investite qualche minuto per curare anche la formattazione della biografia. Con un numero di caratteri limitato è importante che le informazioni cruciali siano presentate in modo chiaro e corretto, per ispirare fiducia e creare il maggior impatto possibile.

Giocare d'anticipo

Un vantaggio da non sottovalutare dato dal profilo aziendale di Instagram è la possibilità di avere accesso in anticipo alle nuove funzionalità introdotte dalla piattaforma, garantendovi così un vantaggio rispetto ai semplici profili personali.

Instagram Shopping

Se avete un account business su Instagram e l'avete collegato ad una pagina Facebook, potete fare un ulteriore passo e accedere alla funzionalità **Shopping di Instagram.**

Per fare questo non solo dovrete avere un pagina Facebook attiva e collegata a Instagram, ma su tale pagina dovrà essere presente una **vetrina** contenente i vostri prodotti. In questo modo potrete usufruire anche delle funzioni di Instagram Shopping.

Questo strumento permette di inserire nei post dei **tag relativi ai prodotti raffigurati**, in modo da reindirizzare l'utente che li tocchi verso le informazioni sul prodotto stesso e sulle modalità di acquisto (idealmente, direttamente sulla pagina prodotto del sito web aziendale).

Ottenere il Badge blu

Se avete già usato Instagram per scopi personali, forse avrete notato che alcuni account sono associati a un piccolo badge blu contenente una spunta. Questo badge indica che l'account è verificato, dunque Instagram certifica che si tratta di un profilo ufficiale legato a una determinata azienda o a un personaggio famoso.

Se e solo se impiegherete un account business, vi aprirete alla possibilità di ottenere il badge blu.

Ottenere questo badge non è un procedimento immediato. Instagram infatti si riserva il diritto di attribuire questo riconoscimento, che non è acquistabile né si può ottenere in altro modo. L'unico sistema per averlo è **creare un profilo di qualità e diventare utenti noti**.

In questo senso, seguire alcune semplici regole può essere d'aiuto nel condurvi all'importante traguardo di ottenere questo badge:

• siate originali e coerenti;

• mostrate che dietro allo schermo ci sono persone reali;

• comunicate con i vostri follower;

• **producete contenuto di qualità**, sia a livello di qualità e risoluzione delle immagini, che per quanto riguarda i testi;

• utilizzate correttamente gli hashtag;

• **assicuratevi che non ci siano altri profili legati alla stessa azienda o brand**;

• collegate il vostro profilo aziendale con altri profili social;

• lavorate per aumentare la popolarità del vostro account.

Come aprire un account business

Se siete convinti che il profilo business sia ciò che fa per voi, attivarlo sarà semplicissimo. Vi occorrono due cose: un profilo Instagram attivo e una pagina Facebook per il vostro brand. Se non li avete, potrete facilmente crearli entrambi con pochi click. Una volta effettuato l'accesso a Instagram e a Facebook, il passaggio all'account aziendale è molto semplice, ma può essere effettuato esclusivamente dall'app mobile.

Quindi aprite l'applicazione, entrate sul vostro profilo toccando l'icona con l'omino in basso a destra e aprite il menù laterale. In basso troverete il pulsante per modificare le impostazioni del vostro profilo.

Una volta aperta la sezione Impostazioni, selezionate *Account*, quindi *Passa a un account professionale*.

Seguendo le semplici istruzioni potrete facilmente impostare il vostro account professionale e collegarlo alla pagina Facebook corrispondente.

Visual Storytelling su Instagram

Il trend di utilizzo dei social media nel corso degli anni è cresciuto costantemente. Quasi tutti hanno un profilo su un canale social, che sia Facebook, Instagram, Linkedin, Snapchat e così via. Ogni social network si rivolge ad un determinato segmento di clientela, ma tutti hanno un obiettivo in comune: collegare le persone in tutto il mondo e farle comunicare tra loro.

Instagram è il social che si rivolge principalmente ad una fascia giovanile, e si è differenziato dagli altri canali di comunicazione poiché era l'unico in cui era possibile creare delle *stories*. Le storie su Instagram non sono altro che video di pochi secondi o immagini, con cui l'utente condivide con gli altri quel che sta facendo in quel momento. Con le storie è possibile anche porre domande agli altri utenti attraverso dei sondaggi.

Ogni giorno Instagram viene utilizzato da più di 600 milioni di persone e le storie hanno rivoluzionato il modo di comunicare fra gli utenti: attraverso questi video di pochi secondi ognuno può raccontare piccoli frangenti della sua vita.

Quindi l'obiettivo di questo social non è solo condividere mes-saggi molto importanti, ma anzi e soprattutto comunicare anche le cose più semplici, come far vedere agli altri cosa si è mangiato o un luogo che è stato visitato.

Su questo social, come negli altri, ci sono degli account di aziende che vogliono creare un'immagine smart della propria impresa ed essere sempre aggiornate con i trend del momento e le nuove mode.

I social permettono alle aziende di creare delle sponsorizzazioni a pagamento dei loro prodotti, consentendo alle aziende di rag-giungere più potenziali clienti e alla piattaforma social di avere ricavi economici.

Per rendere la loro comunicazione efficace su Instagram, molte aziende hanno iniziato ad utilizzare la tecnica del *Visual storytel-ling*, una successione di storie su Instagram che creano un vero e proprio racconto.

Le aziende hanno intuito che una storia coinvolge maggior-mente l'utente rispetto ad una semplice pubblicità, e hanno in-vestito molto in questo nuovo ambito.

Le emozioni influenzano l'inconscio degli utenti che visualizzano la pubblicità, portandoli ad avere una maggiore fiducia nell'azienda e all'acquisto del prodotto (facilitato da tag prodotto e link diretti). Le immagini ed i video coinvolgono molto di più l'utente rispetto ad un testo scritto, quindi è necessario creare una campagna di marketing in cui siano curati adeguatamente.

Per rendere le storie più piacevoli è necessario utilizzare un "tono di voce" adeguato. Può aiutare l'inserimento di emoticon che siano coerenti con le emozioni che la campagna vuole inviare agli utenti. È fondamentale anche inserire una call to action all'interno della storia, cioè invitare l'utente a compiere un'azione che può avere una rilevanza per il business.

Un esempio può essere il momento in cui si invita un utente ad effettuare una registrazione ad una mailing list, o la richiesta di un determinato preventivo, o direttamente l'acquisto di un prodotto. Ovviamente per raggiungere questi obiettivi è necessario che le sponsorizzazioni siano indirizzate al giusto segmento di clientela.

Se vendessimo un orologio d'oro femminile, e nel nostro visual storytelling parlassimo di un orologio unico, creato per donne di classe, non avrebbe senso indirizzare la nostra pubblicità ad un'utenza maschile o a delle ragazzine con fascia di età dai 15 ai 19 anni.

Il visual storytelling riesce a stimolare le emozioni dell'utente soltanto nel momento in cui questo è interessato ad un determinato prodotto o servizio, perciò è importante rivolgersi al giusto target per non sprecare risorse ed energie.

Elaborazione della Content Strategy

La *Content Strategy* non è altro che la strategia attraverso cui offri dei contenuti di qualità, interessanti e con un'utilità per i tuoi clienti.

Perché è fondamentale per una azienda o per un personal branding organizzare una Content Strategy?
Serve per differenziarsi da tutti quegli account che, in qualche modo, riescono a raccogliere moltissimi follower ma non riescono a convertirli in utenti o clienti. È inoltre utile per raggiungere principalmente 3 diversi obiettivi:
• Aumentare la credibilità del brand;
• Farsi trovare da un maggior numero di persone;
• Effettuare una call to action, far compiere un'azione all'utente che visualizza le sponsorizzazioni.

Una content strategy quindi consiste nel programmare i post che verranno inseriti sul profilo.
Qual è il numero di post da pubblicare ogni settimana ed in quali orari, allora?
Un numero ideale di post e una fascia di orario corretta in cui pubblicarli in realtà non esistono, anche se secondo alcune ricerche il numero ideale di post al giorno da pubblicare è 1,5, quindi 9/10 in una settimana. Per quanto riguarda le fasce orarie, sembra che in alcune ore del giorno gli utenti rispondano più attivamente, come dalle 08:00 alle 10:00. Tutto dipende in ogni caso dalla clientela a cui ci si rivolge.

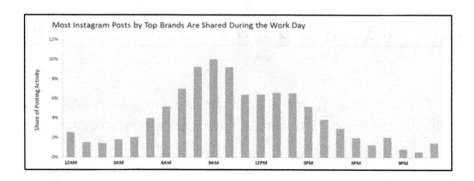

Most Instagram Posts by Top Brands Are Shared During the Work Day

Come si crea una Content Strategy?

Creare una content strategy è meno difficile di quel che pensiate, però ci sono dei pilastri su cui basare il vostro lavoro. In mancanza di uno di questi, la vostra strategia non avrà alcun effetto o non raggiungerà quello sperato:

• *Comunicare chi siete e quello che state vendendo.* Prima di iniziare a pubblicare dei nuovi contenuti dovete sapere con certezza chi siete, con che immagine volete presentarvi, e qual è il messaggio che volete trasmettere. Non è un concetto banale, perché molte aziende non riescono a far percepire fin dal primo momento di cosa si occupano e quindi non attirano persone che potrebbero essere interessate a interagire. Questo vale anche per il personal brand: probabilmente vi sarà capitato di vedere un intero video in cui si pubblicizza una persona ma non si capisce di cosa si occupa. Sono casi in cui non si riesce a comunicare al meglio il messaggio fondamentale. Se avete un'azienda di bikini, potreste postare delle foto di modelle in bikini in varie spiagge nel mondo, mettendoli bene in evidenza. In questo modo l'utente capirà subito di cosa vi occupate. Se rappresentate una gioielleria, potreste postare foto di modelli che indossano i vostri gioielli in un'atmosfera elegante e di classe.

- *Utilizzate un piano di comunicazione.* Create un piano di comunicazione, stabilendo quali sono i post da pubblicare durante la settimana ed in quale ordine. Potete decidere anche di usufruire di app specifiche, come *Plann*, attraverso cui è possibile programmare l'uscita in automatico di post su Instagram durante la settimana;

- *Create contenuti di qualità.* Questo è un punto fondamentale: attraverso la qualità dei post potrete far capire quello che differenzia il vostro prodotto o servizio dagli altri. Evidenziate le caratteristiche del prodotto e la sua utilità nella vita di tutti i giorni o nelle occasioni speciali. Se vendete uno skateboard elettrico, potete fare dei post in cui indicate le specifiche del mezzo ed evidenziate la sua unicità. Nelle storie potrete far vedere il suo funzionamento e soprattutto il divertimento che deriva dal suo utilizzo;

- *Rendete vivo il vostro account.* Dovete mostrare che dietro al personal brand o azienda esiste un lato umano, condivisibile, in cui identificarsi o per il quale avere simpatia. Costruite storie in cui ci sono persone che interagiscono con gli utenti che le osservano, coinvolgendoli emotivamente.

- *Collaborate con altri influencer.* Questo permette di raggiungere prima i vostri obiettivi: alcuni influencer, in cambio di un compenso che varia in base alla loro popolarità, faranno una storia che contenga il vostro brand da mostrare ai loro followers. Un account con centinaia di migliaia di follower può richiedere anche fino a 5.000€ per una storia di poche ore. Altri account più piccoli spesso e volentieri si accontentano anche solamente di avere il vostro prodotto e di nessun compenso economico.

Il consiglio è quello di diversificare i vostri contenuti, giorno per giorno. Non è necessario, anzi, è da evitare che tutti i vostri post siano incentrati sulla vendita del prodotto: il criterio che porta più risultati è quello della diversificazione. Dovete far capire alla persona che visita il profilo che, dietro alla vendita di un prodotto, esiste un'identità ben definita e dei vantaggi effettivi che volete portare nella sua vita. Questo può avvenire attraverso il caricamento di immagini o video a tema.

Ad esempio, nel caso di una gioielleria, potete creare diverse immagini dove un gioiello viene indossato in ambienti di alta classe: in questo modo, state facendo passare il messaggio che chi indossa quel determinato prodotto si sentirà e sarà vista come una persona ricca, sicura e di successo.

Copywriting & Tone of Voice

Scrivere è uno degli elementi fondamentali della comunicazione anche all'interno di un social network basato su contenuti multimediali come video ed immagini.

Sebbene l'immagine abbia lo scopo di catturare in fretta l'attenzione e rappresentare in maniera efficiente il brand, la descrizione è la seconda parte del contenuto pubblicato che viene visualizzata, e deve spiegare o approfondire quanto rappresentato.

Le immagini o i video sono il primo punto di "contatto" con il pubblico e possono generare curiosità, spingendolo a guardare il testo scritto nella descrizione: è in questo punto che devi applicare il *copywriting*.

Il copywriting è un tipo di scrittura utilizzato esclusivamente *per persuadere il pubblico*, convincerlo della qualità del servizio/prodotto e vendere. Il testo utilizzato prende il nome di "copy", e ha lo scopo di aumentare la brand awereness, portando il vostro pubblico alla fase di conversione trasformandolo in clienti paganti.

Il *copywriter* è il professionista che elabora il copy ed applica il copywriting.

Il primo punto dove inserire il testo è la biografia, che rappresenta il vostro biglietto da visita, e per questo deve essere chiaro e preciso, coerente con ciò che volete comunicare.

Il secondo punto dove applicare il copywriting è la didascalia dei contenuti multimediali.

La didascalia viene scritta durante la fase di pubblicazione del post, e successivamente Instagram fornisce la possibilità di apportare modifiche nel caso in cui ci siano stati errori.

Piccolo suggerimento: è meglio assicurarsi di aver scritto tutto correttamente prima di pubblicare, poiché le modifiche successive possono penalizzare la distribuzione del tuo contenuto a causa dell'algoritmo.

Infine, è possibile pubblicare contenuti testo anche all'interno delle storie Instagram e, qualora il profilo avesse almeno 10.000 follower, avrete la possibilità di indirizzare il pubblico verso un link esterno con la funzione "Swipe up".

Prima di applicare il copywriting e necessario stabilire il "Tone of Voice": qual è il "carattere" con cui comunicate? Volete interagire in modo serio piuttosto che scherzoso o con ironia piuttosto che con "fare saggio"?

Questo dovete deciderlo prima di procedere alla scrittura dei contenuti, in modo tale da creare unicità in maniera coerente nel brand e differenziarvi dalla concorrenza.

La chiave del successo per i vostri contenuti è, oltre che brandizzare quelli che sono i prodotti e servizi, quello di rendervi immediatamente riconoscibili (in maniera positiva) agli occhi del pubblico. Se comunicate con un certo *tone of voice* il pubblico caldo (quello più appassionato e attivo) capirà immediatamente che si tratta di un vostro contenuto appena gli capiterà sotto gli occhi. Quindi dedicate del tempo per capire quale stile di comunicazione volete adottare, e in seguito potete passare alla scrittura dei vostri contenuti.

Il Profilo Instagram

Username: grazie all'username renderete il vostro profilo riconoscibile e facilmente ricercabile. Se il nome della vostra attività è già stato usato come nome utente, provate ad usare il vostro nome aziendale come prima parte e completatelo con il nome formale. In questo modo le persone interessate alla vostra attività troveranno facilmente l'account.

Per modificare il nome utente recatevi alla pagina del profilo e fate clic sul pulsante "Modifica profilo". Quindi, cliccate sul testo o sullo spazio aperto alla destra dell'icona ed inserite il nome che preferite o, se non disponibile, una variazione di esso che sia riconoscibile.

Biografia: Al pari dell'username, la "biografia" (la descrizione nella parte superiore del profilo) è una delle prime cose che i visitatori del profilo vedranno. Può contenere un massimo di 150 caratteri: usateli per dare alle persone un buon motivo per seguirvi. Includete informazioni su chi siete e quello che fa la vostra azienda, e cercate di aggiungere un tocco di personalità che aiuti a contraddistinguere il vostro brand dagli altri.

È inoltre possibile utilizzare questo spazio per incoraggiare una certa azione, come l'utilizzo di un hashtag o il click sul link esterno che potete inserire nella biografia.

Immagine di Profilo: La foto del profilo è il primo elemento che le altre persone notano in generale. Anche qui dovreste usare qualcosa di facilmente riconoscibile; che si colleghi alle altre reti sociali dove siete attivi. Per la maggior parte delle aziende sarà il logo aziendale, che diventerà il vostro biglietto da visita.

Prestate attenzione a quando create il logo o l'immagine di profilo, perché Instagram ritaglia la foto del profilo in un cerchio (110 px di diametro). Non è necessario creare l'immagine del cerchio da soli, ma dato che Instagram la taglierà, caricate una foto che abbia al centro l'immagine che volete mostrare, in modo tale che gli angoli possano essere tagliati senza problemi. Per aggiungere o modificare una foto del profilo recatevi alla pagina e fate clic su "Modifica profilo".

Storie in Evidenza: Una volta condivisa, una storia rimane online per 24 ore e poi svanisce per sempre, a meno che non venga "messa in evidenza".

29

La funzione "crea contenuti in evidenza" si trova nella parte alta dei profili e si riconosce perché è un "cerchietto" con un simbolo "+" all'interno, che rende possibile salvare e collezionare i contenuti delle storie, lasciandoli sempre visibili sul profilo.

Nametag: permette al proprietario di ogni account di generare una targhetta con il nome del proprio profilo. La particolarità sta nel fatto che chiunque scannerizzi con la fotocamera di Instagram la vostra targhetta inizierà automaticamente a seguirvi. Il nametag può sia essere condiviso sui social, che stampato, per poter accumulare followers velocemente grazie ad una semplice inquadratura.

Archivio: L'archivio è uno spazio all'interno del quale potrete tenere nascosti alcuni contenuti che non volete siano visualizzati senza però cancellarli. I post che si trovano all'interno dell'archivio restano visibili soltanto al proprietario del profilo, che potrebbe però ripristinarne la pubblicazione in un secondo momento, tornando così a mostrarli ai propri follower.

Amici più stretti: Con questo termine si intende la funzione, introdotta sugli account sia aziendali che personali, per condividere storie Instagram solo con un ristretto numero di utenti selezionati.

Il concetto su cui si basa è quello di mantenere rapporti privilegiati solo con una stretta cerchia di persone, con le quali condividere contenuti diversi rispetto a quelli che si mostrano alla massa tramite le storie visibili a tutti. I risvolti degli amici più stretti in termini di marketing sono molto chiari: potrete creare una lista esclusiva di contatti che hanno determinate caratteristiche da voi identificate, a cui inviare messaggi targetizzati, promozioni e offerte.

Per creare l'elenco degli amici più stretti, dal profilo cliccate sul menu e fate tap sulla sezione in questione.

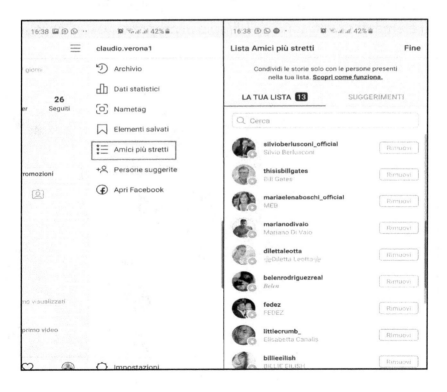

Da qui potrete iniziare a riempire l'elenco cercando tra i vari profili Instagram esistenti (anche quelli che non ti seguono), oppure sfogliando una lista di suggerimenti.

Elementi Salvati: Gli elementi salvati non sono altro che una raccolta di tutti quei post che avete deciso di conservare, in modo da poterli consultare una seconda volta con calma grazie ad un accesso privilegiato. Sotto ogni foto o video postati su Instagram trovate l'icona di un segnalibro: toccandola andrete a "conservare" quell'elemento in una sezione specifica del profilo. Per consultare l'elenco degli elementi salvati basta andare nel menu e cliccare sulla sezione apposita. Da qui potrete suddividere i contenuti salvati in diverse raccolte, in base agli argomenti o altri criteri scelti. Potrete creare una raccolta (o inserire un post in una) tenendo premuta l'icona del segnalibro sotto il post.
Gli elementi salvati sono visibili solo al proprietario dell'account.

Dati Statistici: Quella dei dati statistici è una sezione dedicata prettamente ai numeri che servono a tracciare la propria attività su Instagram.

In primo luogo, i dati della vostra audience: statistiche come genere, età e luogo sono a vostra disposizione. È visibile anche la "relazione" tra il vostro pubblico e i contenuti, ad esempio, quali post e storie sono maggiormente visualizzati dalla vostra audience. Senza dimenticare l'importanza di seguire l'engagement dei post.

Impostazioni: Nelle Impostazioni del vostro profilo personale potete trovare numerose opzioni che vi permettono di cambiare alcuni aspetti del vostro account. Potrete modificare le preferenze relative alle notifiche, la privacy, la sicurezza, i pagamenti etc.

Dalla sezione **Azienda** potrete approvare i partner che possono taggarvi nei contenuti brandizzati, impostare le risposte rapide (molto utili se vi capita di rispondere in *Direct* sempre allo stesso modo ad una specifica domanda), e iscrivervi ad Instagram Shopping.

Dalla sezione **Privacy** è possibile scegliere chi potrà commentare i vostri contenuti, taggarvi, a chi nascondere le storie e a chi consentire la risposta alle stesse. Sempre da qui potrete modificare la privacy dell'account, bloccare o silenziare utenti.

Dalla sezione **Sicurezza** è possibile modificare la password, impostare l'autenticazione a due fattori, inserire l'indirizzo E-mail per ricevere notifiche da Instagram e addirittura avere un report su tutte le attività e i contenuti condivisi sul Social.

Nella sezione **Pagamenti** potrete inserire o modificare il metodo per pagare le vostre inserzioni pubblicitarie, o impostare un PIN per prevenire acquisti non autorizzati.

Nella sezione **Account** potrete modificare la lingua dell'App, sincronizzare i contatti della rubrica per trovare tutti gli amici registrati su Instagram, collegare gli account degli altri Social Network, inserire la modalità di risparmio dati, richiedere la verifica dell'account per la spunta blu e avere un resoconto su tutti i post ai quali si è messo "Mi Piace".

Foto in cui ci sei tu: In questa sezione è possibile controllare tutte le foto in cui si è stati taggati da altri account, Potrete decidere se cancellare una determinata foto da questa sezione visibile a tutti, oppure se rimuovere direttamente il tag, magari per foto che vi infastidiscono, o se chi ha pubblicato quella foto vi ha taggato per sbaglio.

Informazioni Commerciali Pubbliche: In questa sezione potrete modificare la pagina Facebook collegata al vostro account aziendale Instagram, la categoria del vostro profilo, le opzioni di contatto, ed infine decidere quali informazioni oscurare dal profilo.

Informazioni commerciali pubbliche	
Pagina	claudio.verona1
Categoria	Prodotto/servizio
Opzioni di contatto	
Visualizzazione del profilo	Categoria nascosta

Le Storie Instagram

Le **storie di Instagram** sono uno strumento potente e in continua evoluzione da imparare a utilizzare in parallelo e in associazione ai post tradizionali.

La funzionalità delle storie può essere impiegata dalla versione mobile di Instagram, ed è nata come incentivo alla condivisione di qualsiasi momento della giornata da parte degli utenti. Se utilizzate nel modo giusto, le storie di Instagram possono trasformarsi in un importante strumento di marketing. In che cosa si differenziano dai tradizionali post con foto e video?

Le storie di Instagram sono comunque **contenuti visuali**, che possono essere composte da immagini statiche o in movimento, ma hanno la caratteristica di essere accessibili per un **tempo limitato**: durano ventiquattro ore e poi vengono eliminate. I video preregistrati non possono durare più di quindici secondi, altrimenti sono automaticamente suddivisi in più storie. Esiste la possibilità di caricare video in diretta che hanno di durata maggiore, ma restano visibili sempre solo ventiquattr'ore.

Le storie però non si differenziano dalle semplici immagini solo per la caratteristica di essere disponibili per un tempo limitato: possono anche essere personalizzate con l'aggiunta di emoticon, disegni, scritte e colori, posizioni, tag e sondaggi.

È possibile creare storie con dei contenuti caricati ex-novo sul social, oppure scegliere uno dei contenuti pubblicati nelle ultime ventiquattro ore e trasformarlo in una Instagram Story.

I vantaggi

Il grande successo delle Storie di Instagram si basa sullo sfruttamento de "l'urgenza del momento": induce gli utenti a frequentare spesso il social proprio per "timore di perdersi qualcosa di

importante" nei feed degli amici e degli account che seguono. Questo, combinato con altre caratteristiche interessanti, rende le storie molto importanti per il vostro piano di marketing.
Dunque che cosa potete fare grazie alle Instagram Stories?

• Date sfogo alla creatività
Le storie sono lo strumento giusto per realizzare contenuti creativi e accattivanti, con brevi video resi dinamici con l'effetto Boomerang o Superzoom.

• Migliorate il vostro posizionamento all'interno del social
L'impiego delle storie fa sì che l'immagine del vostro profilo, circondata da un cerchiolino colorato, compaia in cima al feed di notizie dei vostri followers.
I profili che condividono storie, infatti, sono uno degli elementi più in vista non appena viene aperta l'applicazione, il che migliora nettamente la visibilità del vostro brand e la possibilità che gli utenti interagiscano con voi.
Inoltre le storie vengono riprodotte in sequenza, quindi è possibile che la vostra storia venga riprodotta in automatico alla fine della precedente mentre l'utente sta guardando un contenuto differente.
Infine, le storie più popolari compaiono nelle sezioni *Esplora* e *Ricerca* aumentando ulteriormente la possibilità di engagement con nuovi followers e consumatori.

• Raggiungete direttamente i consumatori
Se i vostri followers hanno scelto di ricevere una notifica nel momento in cui pubblicate una nuova storia, verranno avvisati direttamente del nuovo contenuto caricato sul vostro profilo, quindi aumenteranno le probabilità che visualizzino la storia che avete pubblicato.

• Call to action

Come abbiamo già detto, le cosiddette **call to action** sono un invito affinché il follower compia un'azione, come cliccare su un link per ottenere maggiori informazioni, acquistare il vostro prodotto, iscriversi a una newsletter e così via. Normalmente Instagram pone notevoli limitazioni all'utilizzo di link: nella biografia del profilo è possibile inserire un unico link, che per questo dev'essere scelto con molta cura, non è possibile aggiungere link nelle didascalie dei post o nei commenti. O meglio, potete aggiungerli come normale testo, ma i followers dovranno copiare il link, aprire il browser e incollarlo nella barra degli indirizzi, ed è davvero improbabile che lo facciano sul serio. La possibilità di sfruttare le storie per introdurre nel vostro piano di Instagram marketing le call to action, pertanto, non sono da sottovalutare.

Una delle strategie migliori per sfruttare al meglio l'interattività delle storie è usare un cosiddetto **funnel**, una sequenza di blocchi progettata per condurre i followers a rispondere alla vostra call to action. Ciascun blocco ha una sua precisa funzione.

FUNNEL

Awareness
il primo blocco deve **generare consapevolezza** nei followers.

Interest
il secondo blocco ha lo scopo di **suscitare l'interesse** dei followers.

Decision
il terzo blocco conduce l'utente alla **decisione**, in altre parole influenza il vostro pubblico.

Action
l'ultimo blocco porta infine all'**azione** (votare il sondaggio, cliccare sul link per leggere l'articolo e così via).

Instagram mette a disposizione numerosi strumenti, come stickers, la possibilità di creare sondaggi, l'uso delle GIF etc. per rendere più interessanti e interattive le vostre storie. Le possibilità sono praticamente infinite: non resta che sbizzarrirvi.

Creare Instagram Stories

Poiché le Storie di Instagram sono uno strumento così potente, vediamo più nel dettaglio quali sono le specifiche funzionalità, come potete crearle e in che modo utilizzarle nella pratica.

Le principali funzionalità delle Instagram Stories

Abbiamo già accennato ad alcune delle caratteristiche delle Storie di Instagram, ma rivediamole nel loro complesso.

Le Instagram Stories permettono di caricare foto o video (di non più di quindici secondi ciascuno) che possono essere stati preparati in precedenza oppure scattate o registrati al momento.

Le storie rimangono disponibili e visibili per **ventiquattro ore**, a meno che non decidiate di aggiungerle alla sezione *Storie in evidenza*.

A differenza dei post tradizionali, che sono per lo più in formato quadrato e orizzontale, le storie si presentano in **formato verticale** e uno a **schermo intero**. Quest'ultimo formato è particolarmente utile per sfruttare al meglio i video, ma anche per valorizzare le fotografie.

Proprio per la durata limitata delle storie, non c'è la possibilità per i vostri follower di mettere like o commentare il contenuto che avete proposto. Possono tuttavia scrivervi direttamente tramite **Direct**, la funzione di messaggistica privata integrata all'interno di Instagram.

Nel creare la vostra storia Instagram vi mette a disposizione la funzione **sticker**, che consente di personalizzare il contenuto in moltissimi modi. Esistono ad esempio lo sticker "sondaggio", o quello che localizza la posizione, lo sticker hashtag o semplicemente adesivi decorativi. Sono tantissimi, tutti diversi e in continuo aumento. È possibile impiegare più di uno sticker all'interno della stessa storia, anche se è bene non eccedere per evitare di sovraffollare lo schermo. A questo punto l'unico limite è la vostra creatività.

1. Selezionare il contenuto

Per cominciare a creare le vostre storie, ciò che dovete fare è aprire l'applicazione mobile di Instagram e cliccare sull'immagine del profilo con il *simbolo "+"*. Si aprirà così la schermata della fotocamera di Instagram da cui sarà possibile selezionare i contenuti che desiderate includere nella storia. Avete diverse possibilità:

• **scattare una nuova fotografia:** una volta aperta la fotocamera, è sufficiente inquadrare il soggetto e premere il tondo bianco al centro per catturare il *frame*. Se volete rendere l'immagine più accattivante o maggiormente decorata, potete utilizzare uno degli effetti messi a disposizione dalla fotocamera di Instagram.

• **registrare un breve video:** in questo caso dovrete tenere premuto più a lungo il tondo bianco della fotocamera. Quando il cerchio attorno al tondo bianco inizierà a colorarsi, vorrà dire che il video è in fase di registrazione. Avrete tempo fino a quando il cerchio non sarà completamente colorato. Se invece terminate di girare il vostro video prima che il tempo sia scaduto, rilasciate semplicemente il tondo bianco. Come nel caso delle foto, anche per i video potete utilizzare gli effetti della fotocamera e personalizzare ulteriormente il contenuto.

• **caricare una fotografia già esistente:** a questo scopo, dovrete cliccare sull'icona della galleria e selezionare dalle vostre immagini quella da utilizzare nella storia.

• **caricare un video già esistente:** anche in questo caso è possibile caricare un video dalla galleria dello smartphone e inserirlo nella storia. Le possibilità con i video sono molteplici: oltre a quelli normali, è possibile utilizzare video Boomerang (che vanno avanti e indietro ripetutamente), un video Superzoom (che mostra il soggetto sempre più vicino), un video Rewind (che viene riavvolto ripetutamente), creati con le apposite applicazioni.

Per rendere più accattivante una storia e costruire i blocchi del funnel di cui abbiamo parlato in precedenza è possibile selezionare più foto o video da inserire nella stessa storia. A questo scopo è sufficiente aprire la galleria di immagini e selezionare le immagini prescelte nell'ordine in cui volete che compaiano nella storia. Una volta selezionate le foto, sarà possibile personalizzarle una a una.

2. Personalizzare il contenuto

Ora che avete stabilito quale sarà il contenuto della storia, è il momento di personalizzarlo con gli stickers, gli effetti, le scritte e i link.

Come già accennato, esistono moltissime funzionalità diverse, che possono adattarsi a tutte le esigenze. In generale, però, ci sono due semplici regole da seguire:

• **Non posizionare gli sticker o altri elementi troppo in alto o troppo in basso sulla fotografia o sul video.**

Quando la storia comparirà sullo smartphone dei vostri followers, la parte alta e la parte bassa dello schermo saranno occupate dai menù di default di Instagram, pertanto eventuali elementi presenti in questi punti risulteranno coperti.

• **Non esagerare con la quantità.**
Rendere l'esperienza interattiva e interessante per il consumatore è fondamentale, ma esagerare nell'arricchire il contenuto rischia di danneggiare la trasmissione del messaggio. Meglio scegliere accuratamente pochi elementi che utilizzarne molti senza uno scopo preciso.
Dopo aver selezionato i contenuti da inserire nella storia, compariranno sullo schermo (in genere nella parte alta, ma può dipendere dalle diverse versioni dell'applicazione) alcuni simboli:
- **la faccina** sorridente vi permetterà di aggiungere gli effetti messi a disposizione dalla fotocamera di Instagram;
- **il simbolo del link** (gli anelli della catena, per intenderci) permettono di aggiungere il tag di un partner commerciale;
- **il simbolo con la freccia rivolta verso il basso** consente di scaricare sul proprio dispositivo l'immagine modificata;
- **il simbolo con la faccina sorridente all'interno dell'adesivo** apre il menù degli sticker;
- **il simbolo con il tratto di matita** apre lo strumento di disegno e scrittura a mano libera;
- **il simbolo con le lettere "Aa"** permette di digitare scritte da aggiungere alle immagini o ai video.

Benché tutti questi strumenti siano utili per personalizzare la vostra storia, gli sticker/adesivi sono sicuramente i più interessanti sia in termini di grafica che di funzioni. Vediamo più nel dettaglio alcuni di essi.

• Geolocalizzazione

Il primo sticker che compare è generalmente quello della geolocalizzazione, che potete utilizzare se è rilevante per voi mostrare
il luogo in cui è stata scattata la foto o girato il video. Per ag-
giungerlo è sufficiente selezionare l'adesivo e scegliere il luogo
tra uno di quelli suggeriti, oppure digitare direttamente il posto
in cui è stata scattata la foto o girato il video.

• Hashtag

Più utile ai fini dell'impiego delle storie di Instagram per il marketing è l'utilizzo dello sticker hashtag. Come suggerisce il
nome, consente di aggiungere alla foto o al video un hashtag,
proprio come fareste per un'immagine tradizionale. Un volta inserito, potrete personalizzare la scritta cambiandone lo stile e il
colore.

• GIF personalizzate

Oltre alla possibilità di inserire una GIF cercando nei ricchissimi
archivi presenti online, i profili business hanno la possibilità di
creare GIF personalizzate da utilizzare nelle storie.

Il primo passo è iscriversi a **Giphy** creando un account sulla piattaforma, quindi occorre richiedere la verifica come Artist o Brand
su Giphy. Seguite le linee guida fornite per la **verifica del profilo
Brand** (che può richiedere qualche giorno).

Quando avrete ricevuto l'e-mail di conferma dell'avvenuta verifica, sul profilo di Giphy comparirà una nuova funzione, denominata Dashboard, che vi permetterà di caricare e creare le vostre
GIF personalizzate.

Una volta caricata una GIF personalizzata è importante non dimenticare di inserire i **tag**. Essi sono fondamentali perché
vengono impiegati come chiavi di ricerca sia all'interno di Giphy
che tra gli sticker delle storie di Instagram. Particolarmente importante è scegliere un tag da associare al vostro brand, in modo

da utilizzare sempre lo stesso per tutte le GIF future, e renderlo riconoscibile al pubblico che potrebbe iniziare ad usarlo a sua volta per parlare di voi.

• Menzioni e tag

Un altro strumento utile ai fini dell'Instagram marketing è lo sticker che consente di menzionare altri utenti o profili. L'adesivo specifico compare nel menù con il nome di **@menzione**, ed è sufficiente selezionarlo e digitare il nome del profilo che volete menzionare per posizionarlo nella storia.

Se però volete **taggare nella storia un brand** collegato al vostro, che è coinvolto nella campagna di marketing e può eventualmente promuovere attivamente il contenuto, lo strumento da utilizzare è quello a cui si accede tramite il simbolo del link in alto. Questa funzione è pensata appositamente per taggare partner commerciali.

Un'altra funzionalità è la possibilità di **taggare prodotti**. Per impiegarla dovete disporre di un profilo Instagram aziendale, collegato a una pagina Facebook con una vetrina di elementi in vendita. Una volta attivato Instagram Shopping, avrete la possibilità di taggare un singolo prodotto in ogni storia. Per farlo dovrete impiegare l'adesivo del prodotto dal menù degli sticker, selezionare il prodotto dal vostro catalogo e inserire l'adesivo nel punto della storia in cui verrà visualizzato il prodotto in questione.

• Sondaggi

La creazione di un sondaggio in una storia di Instagram è molto semplice. È sufficiente selezionare dal menù l'adesivo dedicato, quindi scrivere la domanda e impostare le opzioni di risposta. Può essere un sondaggio semplice, che richiede una risposta del tipo sì/no, oppure può prevedere risposte più complesse.

Benché il sondaggio creato all'interno di una storia sia destinato a scomparire dopo le canoniche ventiquattro ore, è un ottimo strumento di marketing soprattutto dal punto di vista dell'incremento dell'engagement. Infatti è una modalità di comunicazione immediata, intuitiva e interattiva, che contribuisce a costruire la relazione con i followers.

Se volete realizzare un sondaggio che preveda più di due opzioni di risposta, la soluzione ideale è usare in modo creativo l'adesivo Emoticons. Potete selezionare questo sticker e posizionarlo in verticale o in orizzontale. Quindi, con lo strumento di testo, scrivete le varie risposte e posizionatele accanto alla barra a scorrimento dello sticker. I vostri follower potranno scegliere la risposta da assegnare al vostro sondaggio semplicemente spostando la barra.

• Musica

Come per le funzionalità precedenti, anche per arricchire il vostro contenuto con una colonna sonora esiste lo specifico adesivo. Questo elimina la necessità, che si verificava in precedenza, di utilizzare un'apposita applicazione per aggiungere a un video un audio proveniente da una sorgente diversa rispetto a quella del microfono dello smartphone. Se avete intenzione di registrare un nuovo video, è sufficiente aprire l'applicazione, cliccare sul vostro profilo per aggiungere una nuova storia e, nella parte bassa dello schermo, tra le opzioni per i video (*Normale*, *Boomerang*, *Superzoom* e così via) selezionare l'opzione *Musica*. Questa funzione permette di cercare i brani per titolo o nome dell'artista, o di scegliere tra i brani più popolari, quelli adatti a diversi stati d'animo, oppure tra i generi musicali.

Se invece dovete aggiungere musica a un contenuto già esistente che caricherete dalla galleria, procedete normalmente nella creazione della storia, quindi aggiungete lo **sticker Musica**, da cui si accede al medesimo database di canzoni.

Mentre la registrazione di un video nuovo con la funzionalità Musica permette di arricchire il contenuto con dei filtri, l'aggiunta dello sticker Musica a un contenuto esistente ha un'altra funzione particolare, ovvero aggiungere al video il testo della canzone.

3. Mettere la storia in evidenza

Le *Storie in evidenza* appaiono sul profilo come una serie di cerchi al di sotto della biografia, subito al di sopra del feed di immagini. Cliccando sul cerchio con il *simbolo "+"*, potrete scegliere dal vostro archivio quale storia mettere in evidenza. In questo modo, la storia resterà accessibile anche oltre le canoniche ventiquattro ore.

Tutte le altre storie, invece, restano accessibili soltanto a voi tramite la funzione *Archivio* presente nel menù che trovate sul vostro profilo.

Ripostare una storia

Instagram mette a disposizione una funzione specifica per ripostare e condividere le storie in cui si viene menzionati da altri utenti.

Una volta aperto il contenuto in cui si è menzionati, è sufficiente cliccare sul comando *Aggiungi questo contenuto alla tua storia*. Avrete la possibilità di aggiungere sticker o apportare modifiche prima di ripostare la storia sul vostro profilo.

Se invece siete interessati a ripostare una storia in cui non siete stati taggati, ma che reputate interessante e attinente al vostro brand, ci sono due opzioni. La prima è salvare degli screenshot della storia che vi interessa e ripubblicare le schermate come storia; la seconda è utilizzare apposite applicazioni, quale **Repost Story**. In entrambi i casi è bene accertarsi di non violare i termini d'uso di Instagram e avere il permesso di chi ha creato il contenuto.

Eliminare o rendere privata una storia

Per eliminare una storia basta entrare nell'applicazione, aprire il menu delle impostazioni, aprire l'archivio storie, selezionare la storia da eliminare e scegliere la voce *Elimina* dal menu a tendina.

Per rendere una storia privata, invece, aprite l'applicazione di Instagram, quindi cliccate sul simbolo della macchina fotografica in alto a sinistra, che apre la fotocamera e lo strumento di creazione delle storie. Dal simbolo dell'ingranaggio potete accedere al menù impostazioni, dal quale potrete decidere di condividere la storia solo con una lista ristretta di utenti (amici più stretti) o selezionare manualmente i singoli utenti a cui nascondere la storia.

Instagram Feed

Un *feed* non è altro che una serie di contenuti, pubblicati sotto forma di blocchi dall'aspetto simile, che può essere consultata scorrendo la pagina principale di un social (la bacheca).

Il feed in generale è in continua evoluzione: maggiore è il numero di profili seguiti, maggiore sarà la velocità di aggiornamento della bacheca principale della propria applicazione. Dal punto di vista della visibilità, ciò significa che dovrete pubblicare spesso, altrimenti rischiate di scomparire nel mare di nuove immagini postate ogni minuto.

Il feed di Instagram, tuttavia, non è composto solo dalla sequenza di post provenienti dai profili seguiti da un determinato utente e disposti in ordine cronologico di pubblicazione. Ciò che appare sulla bacheca di un determinato utente viene stabilito dal tanto temuto **algoritmo di Instagram**, che tiene conto di molti fattori, quali gli interessi dell'utente in questione, gli hashtag che usa di più, le pagine e i profili che visita più spesso e con cui interagisce e così via.

Il fatto che il vostro post o il vostro annuncio pubblicitario compaiano sul feed di potenziali clienti e follower dipende da una serie di fattori:

• **il livello di engagement**: più i vostri post attirano like e commenti, maggiore sarà la probabilità che l'algoritmo li "scelga" per mostrarli ai followers, perché un coinvolgimento elevato indica, in genere, un contenuto di qualità.

• **la velocità con cui il post genera engagement**: benché il grado di interazione sia importante, altrettanto importante–se non di più–è la rapidità con cui queste interazioni si instaurano.

• **il tempo dedicato a stabilire l'interazione:** maggiore è il tempo che gli utenti dedicano a interagire con il vostro post, migliori saranno le probabilità che rientri nei criteri dell'algoritmo. In questo senso è importante migliorare la qualità della didascalia: le prime righe compaiono in automatico, e se sono accattivanti aumentano le probabilità che i followers trascorrano del tempo a leggere quanto avete scritto, e magari a commentare.

• **la costruzione di un rapporto duraturo:** come accade per altri social network, anche l'algoritmo di Instagram tiene conto dei profili con cui gli utenti interagiscono più di frequente. Pertanto se un determinato utente interagisce spesso con il vostro profilo, sarà più probabile che l'algoritmo gli mostri i vostri contenuti nel feed.

• **la data di pubblicazione:** post più recenti hanno migliori probabilità di essere mostrati nei feed dei followers; ma molto dipende anche dalla frequenza con cui i vostri followers seguono Instagram. Se trascorrono diversi giorni tra un accesso e il successivo, è più probabile che vengano mostrati loro contenuti più datati ma reputati più importanti.

• **l'argomento del contenuto pubblicato:** tendenzialmente l'algoritmo mostra agli utenti gli argomenti che ricercano o con cui interagiscono più di frequente. Pertanto ci sono maggiori probabilità che compariate sui feed di persone interessate ad argomenti simili o collegati alle parole chiave scelte.
Il feed di Instagram è unico e personalizzato per ciascun utente. Per questo, dal punto di vista del vostro piano marketing, dovete prestare attenzione a utilizzare le parole chiave giuste per far sì che i vostri contenuti possano arrivare davanti a potenziali clienti e followers.

La creazione di un Post

Come abbiamo detto parlando dei vantaggi del profilo business, se utilizzate un profilo aziendale avete la possibilità di pubblicare contenuti direttamente dal desktop. A questo scopo potete avvalervi di **Creator Studio**, il tool di Facebook, e pubblicare tramite la vostra pagina Facebook collegata all'account Instagram.

Nonostante questa interessante possibilità, il modo più semplice e immediato per pubblicare su Instagram è tramite l'app per dispositivi mobili.

A seconda del sistema operativo e della versione attualmente in uso dell'app possono verificarsi leggere differenze nella procedura, tuttavia i passaggi sono sempre i seguenti:

1. Accedete al vostro account tramite l'applicazione mobile.

2. Dalla home page selezionate il simbolo "+" racchiuso in un quadrato.

3. A questo punto potete decidere se scattare una nuova foto o registrare un nuovo video, oppure selezionare un contenuto preesistente. Se deciderete di registrare un nuovo video tramite la fotocamera di Instagram, potrete aggiungere gli effetti per personalizzare il contenuto.

4. Dopo aver selezionato la foto dalla galleria del vostro smartphone, compariranno alcune icone:

• l'icona con la cornice **vi permette di rendere l'immagine rettangolare**;

• l'icona con il **quadrato suddiviso in scomparti** vi farà accedere all'applicazione Layout, che permette di combinare più immagini in una singola griglia;

• l'icona con i **quadrati sovrapposti** vi consente di creare una galleria di immagini, selezionando fino a 10 fotografie che appariranno in sequenza quando l'utente scorrerà il vostro post da destra a sinistra.

5. Una volta completate le modifiche al layout dell'immagine, cliccate sul comando *Avanti* per procedere alla sezione successiva.

I filtri di Instagram

Uno degli elementi che inizialmente ha reso Instagram un social così popolare è ancora uno dei suoi cavalli di battaglia: la possibilità di **applicare dei filtri** alle immagini pubblicate.

I filtri sono degli effetti che vengono applicati alla foto o immagine per migliorarla o modificarla in qualche modo, ad esempio rendendola in bianco e nero o dando l'effetto seppia delle foto vintage, oppure rendendo i colori più caldi o più freddi. Ci sono numerosi filtri preimpostati e pronti all'utilizzo.

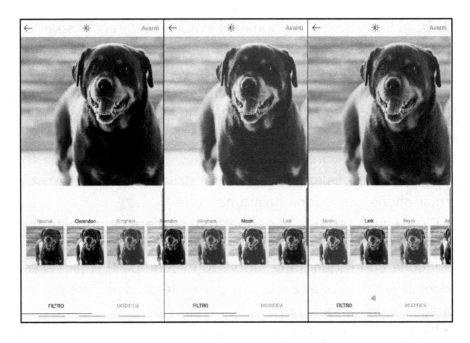

Una volta cliccato sul pulsante *Avanti* dopo aver deciso il layout dell'immagine, si aprirà automaticamente il menù dei filtri tra cui scegliere. Toccando una volta l'icona di un filtro, potrete vedere in anteprima l'effetto sulla vostra immagine. Toccando una seconda volta la stessa icona potrete decidere la gradazione su una scala da zero a cento del filtro prescelto.

Oltre ai filtri preimpostati, Instagram mette a disposizione degli utenti un secondo set di strumenti a cui potete accedere cliccando su *Modifica* nella parte bassa della schermata. Usando questi tool potrete ruotare la fotografia, modificare la luminosità e il contrasto, rendere i toni più caldi o più freddi, modificare la saturazione, inserire un filtro colorato, sfumare l'immagine o dare maggior contrasto a luci e ombre, e molto altro. Non vi resta che sbizzarrirvi!

Un album di foto o video

Un'interessante possibilità è data dalle gallerie o album di foto. Se al momento di selezionare il contenuto avete scelto di pubblicare una sequenza di immagini, potete decidere se applicare lo stesso filtro a ciascuna immagine oppure se personalizzare gli effetti per ogni singola fotografia. Dal punto di vista pratico, gli strumenti sono gli stessi che potete impiegare per le singole foto.

Dal punto di vista del piano marketing, la possibilità di creare un album consente di costruire **contenuti a blocchi**, in modo simile a quanto già visto con le storie. È possibile impostare una sequenza di immagini per comunicare un messaggio più articolato, oppure per raccontare una storia, o suddividere un'infografica, o ancora per mostrare una serie di prodotti collegati tra loro, magari aggiungendo un messaggio finale (ad esempio una promozione).

Allo stesso modo, potete scegliere di pubblicare un album di video. Al momento di selezionare il contenuto dalla galleria, cliccate l'icona con i quadrati sovrapposti e selezionate i video che volete inserire, nella sequenza in cui desiderate inserirli.

Didascalia, tag e posizione

Una volta terminato di modificare le immagini con i filtri, passate alla schermata successiva. Qui potrete scrivere la didascalia che accompagnerà il contenuto visuale, aggiungere le menzioni di altri profili e segnalare la posizione in cui è stata scattata la fotografia, semplicemente cliccando sulle diverse opzioni proposte. La didascalia è una parte molto importante del contenuto che intendete pubblicare. Studiate il breve testo in modo da coinvolgere ulteriormente i vostri follower, così che siano indotti non solo a mettere un like all'immagine ma anche a interagire lasciando un commento.

Una parte fondamentale della didascalia è la scelta degli **hashtag**, ma ne riparleremo in seguito.

Pubblicare un video

Nel complesso, la procedura per pubblicare su Instagram un post contenente un video non è dissimile da quella che si utilizza per le foto. Anche in questo caso, infatti, dalla schermata home è sufficiente cliccare sul simbolo "+" e procedere selezionando un video già pronto dalla galleria oppure registrando un video sul momento. Per registrare un video sarà sufficiente tenere premuto il tasto bianco tondo della fotocamera.

Anche nel caso dei video è possibile utilizzare un filtro, aggiungere una didascalia di testo, indicare la posizione e così via.

Una delle particolarità dei video che li differenzia dalle immagini è la possibilità offerta da Instagram di pubblicare video composti da più clip. Per utilizzare questa funzione è possibile tagliare i video caricati. Una volta aperto lo strumento per caricare nuovi post su Instagram e selezionato il video che desiderate usare dalla galleria, nella parte bassa dello schermo appariranno tre comandi: *Filtro, Taglia* e *Copertina*.

Cliccando sul tasto centrale *Taglia* e facendo scorrere il cursore a destra e a sinistra potrete decidere quanti secondi mostrare del video prescelto. Cliccando sul simbolo "+" potrete aggiungere una seconda clip e tagliarla secondo le vostre esigenze. Una volta terminato, basterà cliccare su *Fine* e procedere alla pubblicazione.

Inoltre è possibile registrare al momento video multipli da condividere come una **serie di clip**. È sufficiente aprire la fotocamera di Instagram, registrare la prima clip tenendo premuto il tondo bianco, quindi rilasciare il pulsante. Premendo nuovamente e tenendo premuto è possibile procedere con un nuovo video.

Sia per unico video sia che per una sequenza di clip la durata massima è di 60 secondi.

La funzione *Copertina*, infine, vi consente di scegliere un singolo frame del video che avete selezionato per la pubblicazione: scegliete un frame che vi permetta di catturare l'attenzione degli utenti. Anche se le fotocamere degli smartphone attualmente in commercio sono sufficientemente performanti, potete scegliere di editare e modificare il video esternamente a Instagram. In alternativa agli strumenti messi a disposizione dal social, potete scegliere tra le numerose app disponibili sia per Android che Apple, quali iMovie, Première, Hype Type, Magisto e molte altre.

Come archiviare un post

La funzionalità di **archivio di Instagram** può rivelarsi molto utile. Essa infatti permette di nascondere le proprie foto senza dover necessariamente eliminare i post. Per accedere a questa funzione, aprite l'applicazione di Instagram e accedete al vostro account. Quindi, cliccando sull'icona con l'omino, entrate nel vostro profilo. Nel mosaico contenente tutti i vostri post cercate la foto o il video che volete archiviare e cliccate su di essa. A questo punto, aprite il menù cliccando sul simbolo con i tre pallini verticali: tra le diverse opzioni troverete *Archivia*.

Se in un secondo tempo desiderate rivedere i post archiviati, accedete al vostro profilo, aprite il menù e selezionate l'icona con l'orologio. Qui troverete sia le storie, che vengono archiviate automaticamente dopo ventiquattro ore, che i post che avete deciso di archiviare di volta in volta.

Sfruttare Instagram Insights

La funzione **Instagram Insights**–inclusa soltanto nei profili business–è uno strumento fondamentale per valutare nel tempo l'engagement del vostro profilo, ma è anche un utile strumento di pianificazione per decidere a chi rivolgere i contenuti, in quali giorni e fasce orarie pubblicarli e, più in generale, come strutturare il vostro piano marketing.

Per accedere a questo strumento, è sufficiente entrare sul proprio profilo e aprire il menu dall'icona con le righette in alto a destra. Da qui potete aprire la voce *Dati Statistici* che vi mostrerà le Insights sul vostro profilo.

L'insieme di tutti questi dati è lo strumento migliore per pianificare quando pubblicare, con quale frequenza, e quali contenuti hanno più successo.

Statistiche sui contenuti

Le prime informazioni che vengono mostrate riguardano i **contenuti**. Nell'area dedicata alla panoramica sono messi in evidenza i post e le storie più recenti con il relativo **numero di visualizzazioni**. Questo permette di ottenere un colpo d'occhio immediato su quali contenuti recenti abbiano avuto più successo. Quando iniziate la vostra attività di Instagram marketing, la cosa migliore è sperimentare contenuti diversi e formati diversi (foto, video e storie) per raccogliere il maggior numero possibile di dati riguardo all'engagement. Dopo un certo periodo di attività del vostro account, i dati statistici sul numero di visualizzazioni delle diverse tipologie di post potrebbero aiutarvi nell'indirizzare il vostro piano marketing in base alle preferenze del pubblico.

Se cliccate sul comando *Mostra tutto*, potrete visualizzare l'intero archivio dei post con i relativi dati statistici a partire dal momento in cui avete iniziato ad utilizzare l'account business. In questa sezione avete a disposizione dei filtri di ricerca con cui selezionare il tipo di post (foto, video, post per lo shopping e così via), il periodo che desiderate analizzare e il dato che vi interessa (commenti, interazioni, follower, impression, aperture del prodotto, visite al profilo e molto altro).

Questi dati sono molto importanti per stabilire quale genere di post ha prodotto un determinato tipo di interazione. Per esempio, potreste scoprire che i post con le foto attirano molte visualizzazioni, ma producono poche interazioni sotto forma di commenti. In questo caso potrete lavorare per rendere più accattivanti le didascalie e fare in modo che i follower dedichino più tempo a interagire con voi. Per contro potreste scoprire invece che i video producono un maggiore engagement e quindi avrete una chiara indicazione su quale direzione far prendere al vostro piano di marketing.

Altrettanto importanti, se non di più, sono i dati relativi all'**engagement prodotto dalle storie e dalle promozioni** attivate tramite Instagram. Anche in questo caso, cliccando su *Mostra tutto* avrete accesso a tutte le informazioni riguardo alle storie passate e ai risultati che hanno ottenuto.

Statistiche sulle attività

La seconda sezione delle statistiche si concentra sulle **attività**. La prima parte, denominata *Suggeriti*, mostra il numero di persone che hanno visualizzato i vostri contenuti. La funzione *Copertura* mostra il numero di account unici che hanno visualizzato uno dei vostri post o storie negli ultimi sette giorni, mentre la funzione *Impression* misura il numero totale di volte in cui tutti i post e tutte le storie sono state visualizzate sempre in un tempo di sette giorni.

Anche se questi dati possono sembrare sovrapponibili, in realtà non è così: se lo stesso utente visualizza lo stesso post per quattro volte in un determinato periodo di tempo, il contenuto riceverà quattro punti di impression ma solo uno di copertura.

Questo implica che i due dati abbiano un significato ben diverso. La **copertura** indica il numero effettivo di utenti raggiunti, mentre le **impression** misurano le visualizzazioni complessive, anche ripetute da parte dello stesso account.

Al di sotto dei dati su copertura e impression troverete la sezione denominata *Interazioni*, che presenta i dadi statistici settimanali riguardo alle **azioni compiute dagli utenti** quando interagiscono con i vostri contenuti. Queste statistiche sono fondamentali per valutare il grado di engagement, perché non è sufficiente che i vostri followers visualizzino i contenuti che pubblicate: affinché il piano di marketing si converta in un aumento dei follower e, possibilmente, delle vendite dei prodotti o servizi, è necessario che gli utenti si soffermino a interagire con i contenuti che mettete loro a disposizione.

Avere la possibilità di valutare il numero di interazioni in un determinato lasso di tempo vi consente di verificare se le strategie messe in atto in quel periodo sono state o meno efficaci ai fini del vostro piano di Instagram marketing.

Statistiche sul pubblico

Una sezione che vi fornisce dati interessanti è quella dedicata al *Pubblico*. Qui troverete indicati il **numero di followers** del vostro profilo e l'incremento negli ultimi sette giorni. Un grafico vi mostra la crescita del pubblico che vi segue, con la possibilità di visualizzare gli utenti totali, gli utenti che hanno smesso di seguirvi e gli utenti che hanno iniziato a seguirvi nel lasso di tempo selezionato.

Questi dati vi consentono di avere un'idea immediata di come stia procedendo la situazione per il vostro profilo aziendale. Se ad esempio notate un brusco calo del numero di followers, potete risalire al periodo in cui è avvenuto e scoprire quale contenuto può essere risultato sgradito al pubblico. Allo stesso modo, un netto aumento dei vostri seguaci può indicare che le cose stanno cominciando ad andare per il verso giusto.

Al di sotto del primo grafico potete vedere quali sono i **luoghi** da cui provengono gli utenti che vi seguono, per città o per Paese di provenienza. Questo genere di informazioni è importante sia che vi rivolgiate al mercato nazionale che internazionale.

Innanzitutto, sapere da quali Paesi proviene la maggior parte del vostro pubblico può orientarvi nella scelta della lingua da utilizzare. Se la gran parte dei followers è italiana avrà poco senso impiegare tempo ed energie per creare contenuti in inglese, ma se volete ampliare il mercato o avete utenti che vi seguono da altri Paesi può essere utile dedicare un po' di tempo alla creazione di contenuti in più lingue.

Nel caso vi rivolgiate esclusivamente al mercato italiano, è comunque utile sapere quali sono le zone da cui ricevete la maggior parte delle interazioni. In questo modo potrete personalizzare i servizi offerti, ad esempio migliorando le procedure di consegna dei prodotti in determinate zone del Paese.

Un altro dato interessante riguarda le **fasce d'età** e il **genere** dei vostri followers. Un primo grafico vi mostra il vostro pubblico suddiviso per fasce d'età. Potete visualizzare il totale, oppure scegliere di scoprire le fasce d'età suddivise tra uomini e donne. Più in basso un grafico a torta vi indicherà le percentuali di uomini e donne che seguono il vostro account.

I dati sul genere e l'età degli utenti che seguono i contenuti che proponete sono fondamentali al fine di **individuare il target**. Sapendo esattamente con quale fascia della popolazione avete maggiormente a che fare, potrete creare più facilmente contenuti su misura che interessino il vostro target. Come sempre, la strategia migliore è cercare di rivolgersi a un pubblico specifico e ristretto piuttosto che cercare di accontentare i gusti di tutti.

Ultime ma non meno importanti sono le informazioni riguardo agli **orari** e i **giorni** in cui mediamente i followers utilizzano di più Instagram, per poter pianificare la campagna di marketing affinché compaia nei feed nei momenti più appropriati.

Scrivere biografie e didascalie efficaci

Per scrivere una biografia breve e incisiva allo stesso tempo dovete capire qual è il vostro obiettivo principale, di cosa vi occupate e quali benefici può trarre il pubblico dai vostri contenuti.
Iniziate a definire la vostra attività rispondendo a questa domanda: cosa direste a qualcuno che non ha idea di cosa fate?
Successivamente individuate le parole chiave per cogliere subito l'attenzione del pubblico a cui vi rivolgete. Le parole chiave in una biografia non sono ricercabili su Instagram, ma permetteranno di identificarvi come "del settore" se utilizzate terminologie che catturano l'attenzione del target.
Non commettete l'errore di inserire un testo con l'obiettivo di catturare l'attenzione di chiunque, perché l'arte del copywriting sta anche nel sapersi differenziare dalla massa e dai concorrenti. Se ad esempio vi occupate di gioielli, scegliete termini specifici del settorie per rivolgervi ad un target interessato a prodotti preziosi e di alto valore ed escludete tutte quelle persone che non sono interessate.
Questo vi tornerà utile nel momento in cui vorrete analizzare le statistiche di visualizzazione e interazione per capire se il pubblico a cui vi rivolgete risponde bene o meno. Nell'esempio dell'immagine è realizzato un copy molto semplice e che fa subito capire al tuo pubblico di cosa si occupi l'azienda e, cosa più importante, c'è una chiamata all'azione (CTA = Call to Action).
È stata inserita una citazione, molto breve ma d'effetto. Successivamente si invita il pubblico ad esplorare i contenuti per trovare il gioiello che fa al caso suo, ed infine è stata posizionata una chiamata all'azione ben precisa, che è l'inizio del *Funnel:* si

sta invitando l'utente a cliccare sul sito per richiedere una consulenza.

In questo caso il testo è molto semplice ma diretto e, soprattutto, la terminologia usata è chiara e semplice.

Non è stato scritto "Richiedi una consulenza", perché sarebbe stato troppo formale e ingessato. "Ti aiutiamo a Scegliere" implica invece un processo facilitato, più leggero.

Per la didascalia dei contenuti la situazione è più complessa. Durante la navigazione è possibile vedere solo le prime due righe, che devono essere sufficentemente interessanti per attirare l'attenzione del tuo pubblico.

Come potete notare dall'immagine seguente, nella prima riga è inserita un'intestazione che catturi l'attenzione: il testo scritto si rivolge in maniera diretta al pubblico senza svelare troppe informazioni e che genera curiosità. All'interno della didascalia vengono poi inserite altre informazioni utili per il pubblico interessato, alcune caratteristiche tecniche del prodotto ed infine la chiamata all'azione.

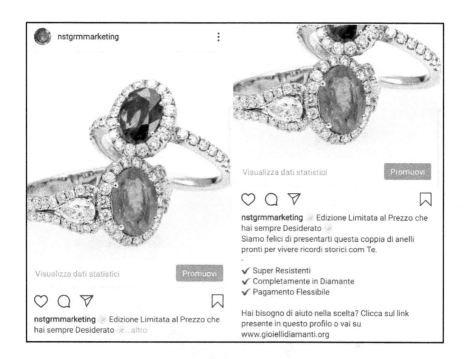

Nelle didascalie gli indirizzi web non possono essere cliccati: quello che si può fare è invitare la persona a guardare il link inserito nella biografia oppure copincollare un indirizzo nel loro browser di ricerca.

All'interno della didascalia è possibile inserire anche degli hashtag, che siano correlati a ciò che state presentando e che siano divisi in 3 modi:

- Hashtag con pubblico ampio;

- Hashtag con pubblico medio;

- Hashtag con pubblico ristretto;

Posizionare l'hashtag con pubblico ristretto vi porterà a raggiungere più facilmente il posizionamento con l'hashtag del pubblico medio, ed infine con il pubblico ampio.

Inserire solo hashtag con pubblico ampio vi inserirà in un circuito altamente competitivo dove sarebbe difficilissimo farsi notare.

Scattare foto e video spettacolari

Instagram è un social improntato sulla condivisione di foto e video e la loro qualità è fondamentale per avere un seguito su questa piattaforma. Qualsiasi influencer utilizza almeno un programma per modificare le sue foto o cambiare i loro effetti.

Le community ed i follower su Instagram si creano proprio perché gli influencer hanno delle foto che sono di qualità e "perfette". Se cercate, ad esempio, un personal brand–cioè qualcuno che pubblicizza se stesso–probabilmente troverete delle immagini di qualità con il personaggio in primo piano, uno sfondo pazzesco e degli effetti di luce unici. I follower iniziano a seguire questi account perché diventano una vera e propria fonte di ispirazione.

Ci sono delle linee guida da rispettare per rendere i propri contenuti unici:

• **Non scattate foto con l'app di Instagram**: sembra che l'app riduca la qualità della fotocamera del cellulare, quindi è preferibile scattarle al di fuori dell'app e poi caricarle su Instagram;

• **Cambiate prospettiva**: fare delle fotografie da un'angolazione diversa dal consueto–dal basso, ad esempio–cambia il modo di vedere un soggetto che si potrebbe avere sempre sott'occhio;

• **Preferite la semplicità**: Steve Jobs ne ha fatto l'elemento che lo ha portato al successo. Questo principio vale anche per le foto: non esagerate con gli effetti, i filtri o gli adesivi;

• **Modificate la foto prima di pubblicarla**: con il ritocco si possono eliminare le imperfezioni dell'immagine, ma anche cambiare un effetto eliminare degli elementi di disturbo. Ci sono diverse app che permettono di modificare le foto, tra cui Snapseed e Aviary che sono completamente gratuite;

• **Emozionate**: per essere ricordati, immagini e video devono avere un impatto emotivo: non curare i contenuti caricati potrebbe risultare deleterio per il brand.
Ci sono diverse app che permettono all'utente di editare video per ottenere un risultato di qualità. Una di queste è Inshot, che permette di adattare i video al formato richiesto da Instagram e cambiare effetti e colorazione. Con quest'app inoltre sarà possibile inserire anche delle tracce musicali, cornici, emoticon e adesivi. App che hanno funzioni simili sono Quik Video Editor, Magisto, Adobe Premiere, We Video.

Filtri e foto editing

Per rendere le foto uniche Instagram mette a disposizione dell'utente ben 25 filtri diversi da poter utilizzare gratuitamente. I filtri maggiormente utilizzati sono Claredon, Valencia e Juno e sono anche quelli che secondo le statistiche riescono ad ottenere il maggior numero di like.

Per avere delle foto uniche è necessario andare a modificare un'immagine che sia già di qualità, che abbia quindi degli elementi di unicità. La luce e la prospettiva devono essere usate al meglio e ci deve essere il minor numero possibile di imperfezioni.

Per i selfie è preferibile non utilizzare alcun filtro, perché gli utenti preferisco uno stile più semplice e naturale alla miriade di effetti che si possono aggiungere ad una foto.

Molte volte però i filtri forniti da Instagram non sono sufficienti per ottenere l'effetto voluto, perciò si può ricorrere a delle app. Una delle più conosciute è *Vsco*, un programma di editing fotografico gratuito con funzioni a pagamento, che permette di modificare con filtri, luminosità, prospettiva, contrasto e saturazione.

Un'altra è *Snapseed*, gratuita, che fornisce le stesse funzioni di Vsco ma permette anche di modificare l'immagine in alcuni punti isolati, consentendo di eliminare elementi indesiderati attraverso la funzione pennello.

L'app maggiormente utilizzata per i fotoritocchi è *Perfect365*, che permette di eliminare occhiaie, creare l'effetto seta ed effettuare applicazioni di trucco. Viene utilizzata soprattutto dalle fashion blogger che espongono il loro viso in primo piano.

Modificare le foto non significa necessariamente falsificare ciò che si è fotografato o ingannare il pubblico, ma rendere qualcosa più accattivante alla vista, e deve essere fatto anche dai brand aziendali che propongono un determinato oggetto o servizio alla clientela, per far risaltare i propri contenuti e brand all'interno di Instagram.

Utilizzare strategicamente gli hashtag

Gli hashtag sono diffusi su tutte le piattaforme social e diventati parte del nostro modo di comunicare. Li vediamo non solo nei contenuti online, ma anche negli spot e sulle immagini pubblicitarie dei media tradizionali.

Sono **parole chiave**, o **chiavi di ricerca** associate all'argomento del vostro contenuto, che permettono al contenuto stesso di essere trovato più facilmente da utenti interessati a un particolare argomento.

Nei post di Instagram, siano essi costituiti da foto, video o album, gli hashtag si trovano nella **didascalia**. Instagram permette di inserire fino a trenta hashtag in ciascuna didascalia ed è stato osservato che la popolarità dei post aumenta notevolmente all'aumentare del numero di hashtag. Occorre però saper scegliere le parole chiave giuste.

Il primo passo per utilizzare gli hashtag giusti è ricercare accuratamente quelli più popolari tra i vostri utenti target. Il processo di ricerca di queste parole chiave fa parte dello **studio sul target** che dovete compiere nel mettere a punto il piano marketing.

Utilizzare ripetutamente gli hashtag più popolari non è sufficiente a garantire il successo dei contenuti: il segreto è imparare a combinarli in maniera efficace.

La popolarità degli hashtag

Gli hashtag possono essere classificati **in base al numero di condivisioni** e si suddividono in:

• popolari: **hanno più di cinque milioni di condivisioni;**

• **semi-popolari**: hanno tra cinquecentomila e cinque milioni di condivisioni;

• meno popolari: **hanno tra centomila e cinquecentomila condivisioni.**

Ovviamente gli hashtag più popolari garantiscono una maggiore visibilità, ma il numero di post che contengono quella determinata parola chiave è elevatissimo e la competizione per comparire sui feed degli utenti interessati all'argomento è altissima. Gli hashtag meno popolari conferiscono una visibilità minore, ma sono meno sfruttati ed è più facile finire tra i Top Post nel feed di un utente con interessi di nicchia.

Le tipologie di hashtag

Oltre a combinare parole chiave più popolari e meno popolari, la massima efficacia si raggiunge con il giusto misto di tipologie di hashtag.

Non è sufficiente creare una sola lista di hashtag da riutilizzare con tutti i post, ma è importante **personalizzare le parole chiave** associate ad ogni contenuto in modo da essere targetizzate sull'argomento specifico.

Per trovare gli hashtag giusti la prima cosa da fare è studiare le liste utilizzate da altri profili affini al vostro campo: osservate che cosa fa la concorrenza e quali combinazioni di hashtag sembrano avere maggior successo.

L'altro strumento da utilizzare è la funzione di ricerca. Dalla homepage, cliccando sulla lente d'ingrandimento in basso si apre la pagina di ricerca. Potrete scegliere se cercare account, luoghi o hashtag. Selezionando *Hashtag* e inserendo una parola chiave relativa al vostro brand sarà la funzione di ricerca stessa a suggerirvi altri hashtag pertinenti. Per esempio cercando "abbigliamento" compariranno gli hashtag #abbigliamentouomo, #abbigliamentodonna, #abbigliamentobambini, #abbigliamentosportivo e così via. Questo step richiede un certo lavoro, ma la scelta delle parole chiave più adatte è la strada migliore per dare ottime chance ai vostri contenuti.

Combinare gli hashtag

A questo punto sapete di dover scegliere una combinazione tra hashtag più popolari e meno popolari, e avete creato una lista di parole chiave attinenti alla vostra nicchia. L'ultimo passo è decidere come combinare gli hashtag per ciascun post.

Purtroppo non esiste la lista perfetta, ma combinando termini di ricerca inerenti a varie categorie potrete far sì che i vostri contenuti finiscano nei feed delle persone che potrebbero realmente essere interessate ai vostri prodotti.

Le tipologie di hashtag che potete impiegare possono essere suddivise **per categoria** in questo modo:

• **hashtag della community**: ciascuna nicchia ha la sua community. Se nelle vostre ricerche avete scoperto quali sono gli hashtag ricorrenti nella community dove è più probabile trovare potenziali clienti, includeteli. Ad esempio #bagloverscommunity, #baglover, #shoesaddict e così via.

• **hashtag del soggetto**: se la foto ritrae un particolare soggetto, è bene indicarlo nelle parole chiave. Ad esempio #borsetta, #scarpe, #designerclothes.

• **hashtag dell'attrezzatura fotografica e dello stile fotografico**: molti utenti di Instagram indicano tra gli hashtag anche il tipo di macchina fotografica o il nome del filtro applicato alla foto. Usateli se ritenete che possa essere rilevante per voi. Per contro, se la foto non è ritoccata, potete usare l'hashtag #nofilter.

• **hashtag di riferimento**: poiché il vostro scopo è affermare la vostra presenza online, una cosa da fare assolutamente è creare un vostro hashtag legato in modo univoco al brand, da utilizzare in tutti i contenuti che pubblicate, che potrà essere ripreso dagli utenti che includeranno il vostro brand nei loro contenuti. Inoltre, se state conducendo una specifica campagna, create un hashtag di riferimento per la singola campagna di marketing.

• **hashtag del luogo**: se l'immagine o il video sono stati catturati in un posto in particolare, potete inserire l'hashtag del luogo ritratto nell'immagine, ad esempio #Roma. Se invece non c'è un luogo specifico potete sempre far riferimento al posto in cui ha sede la vostra azienda, scegliendo di inserire la città o la regione (o entrambe).

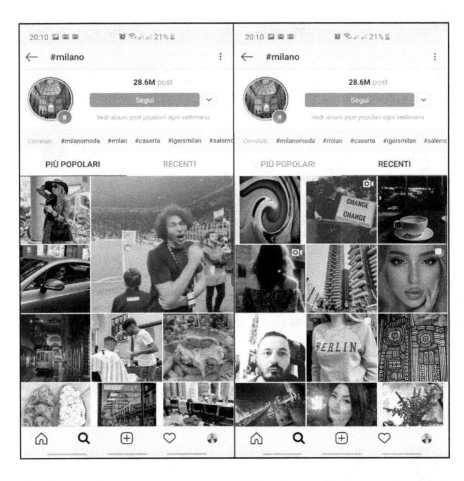

Combinando opportunamente gli hashtag di diverso tipo e ricordando di usare un misto tra quelli più popolari, semi-popolari e meno popolari, otterrete il giusto mix per incrementare la popolarità e la visibilità dei vostri contenuti.

Gli hashtag vietati

Un elemento a cui prestare attenzione sono gli hashtag vietati, che annullano l'effetto di tutti gli hashtag che avete accuratamente scelto e combinato. Se utilizzerete hashtag vietati non sarà sufficiente rimuovere la parola chiave incriminata per ripristinare l'effetto degli altri hashtag, ma dovrete cancellare l'intero post dal vostro feed. Gli hashtag che non dovete usare sono:

• hashtag con riferimenti sessuali
• hashtag troppo generici (per esempio #instagirl, #photograpy, #iPhone)
• hashtag vietati per motivi di sicurezza (ad esempio #passport)
• il semplice hashtag #instagram

Ma servono davvero?

Forse vi starete chiedendo se sia davvero necessario usare tutte queste parole chiave per ogni post. La risposta è sì. Gli hashtag infatti hanno moltissime funzioni: rendono i post più visibili e facilmente rintracciabili, aumentando le probabilità che i vostri contenuti vengano visualizzati e incrementando così il possibile engagement con gli utenti.

Un post con delle prestazioni elevate in termini di engagement può perfino raggiungere la pagina *Esplora* che consentirà al vostro profilo di entrare in contatto con un maggior numero di utenti, anche tra coloro che non vi seguono direttamente.

Come utilizzare Instagram Live

Le *Live* avvengono in diretta ("live" significa "dal vivo") e na-
scono a fronte del successo ottenuto dalle loro controparti su
altre piattaforme come YouTube. Vi permettono di mostrare le
vostre attività nel momento in cui avvengono, e quindi di coinvolgere maggiormente i followers.

Per avviarne una, aprite l'app e scorrete il dito da sinistra a destra
e cliccate sul pulsante "in diretta".

La durata massima di una diretta su Instagram è di 60 minuti. Gli
utenti che visualizzano la diretta potranno interagire direttamente con voi attraverso commenti o like. Potrete vedere in
qualsiasi momento chi sta visualizzando la diretta, che differenza
di quanto avviene su Facebook non sarà registrata sul profilo a
meno che non la salviate nella vostra galleria, cliccando in alto a
destra sul pulsante "Salva" una volta conclusa. Il video non sarà
presente su Instagram, e le interazioni che ha ricevuto non verranno salvate.

Con account privato la diretta sarà visibile solo dai followers, se
invece è pubblico sarà visibile a tutti: se siete un'azienda accer-
tatevi che l'account sia pubblico perché in caso contrario potreste limitare molto questa funzione. Con le dirette potrete registrare degli eventi che riguardano l'impresa oppure aggiornare
i tuoi follower su delle iniziative che volete compiere. Servono
per avere un rapporto realmente diretto con i follower e capire
istantaneamente come reagirebbero ad una nuova iniziativa.

Instagram IGTV

Nel corso degli anni le nuove generazioni hanno diminuito drasticamente l'utilizzo della televisione, anche grazie a piattaforme come YouTube in cui in ogni momento è possibile trovare il contenuto richiesto (se presente).

Dopo aver raggiunto 1 miliardo di utenti, Instagram ha deciso di competere con YouTube in questo ambito creando **IGTV**, una sezione che permette di caricare video della durata massima di 10 minuti (1 ora per gli account più popolari) senza la presenza di pubblicità.

Instagram si contraddistingue perché è possibile creare video solo in formato verticale indicando la volontà della piattaforma di voler far creare dei video utilizzando il cellulare e non altri dispositivi.

La sezione di Instagram IGTV si divide in 3 parti:

• *For you*: tutti i video che secondo l'algoritmo di Instagram possono essere di interesse dell'utente;

• *Seguendo*: video caricati da tutti i profili seguiti dall'utente;

• *Popular*: video su IGTV più popolari.

Come caricare video su IGTV

Il processo è molto intuitivo: basta accedere al proprio profilo Instagram e cliccare sull'icona della lente di ingrandimento. Ci si troverà dinnanzi alla pagina in cui Instagram suggerisce i contenuti più popolari da visualizzare in linea con gli interessi espressi dall'utente. In alto è presente il pulsante "IGTV", che reindirizza in una nuova pagina dove Instagram propone i video più visualizzati in quel determinato momento. Per aggiungerne uno dovrete cliccare sul pulsante "+" in alto a destra e selezionarlo dalla galleria.

Aumentare l'Engagement

L'engagement è uno dei fattori che permettere di misurare le performance del tuo account Instagram. Bisogna fare una distinzione:

• **Engagement per singolo post**: misura il numero di like, commenti e salvataggi di un determinato post;

• **Engagement rate account**: riguarda tutto il profilo, considera le visualizzazioni delle storie e l'interazione che gli utenti hanno con esse.

Un engagement rate accettabile deve essere intorno al 5%. Se il vostro account ha un valore minore dovete trovare un modo per invertire questa tendenza negativa.
Per aumentare l'engagement il profilo deve essere attivo: i contenuti e le storie che possano interessare utenti vanno pubblicati quotidianamente. Programmare la pubblicazione di contenuti è fondamentale perché in questo modo saprete con sicurezza quale messaggio state inviando e se lo mantenete coerente nel tempo.
Utilizzate gli hashtag sotto ad ogni post per intercettare tutte quelle persone che nel motore di ricerca di Instagram stanno ricercando un determinato argomento.
Organizzare dei *contest* può essere una buona strategia per ottenere più follower e interazione: il *give-away* è tra le opzioni migliori, perché in cambio di un regalo al vincitore del contest potrete chiedere agli utenti di compiere determinate azioni come mettere like al post o invitare un determinato numero di amici per partecipare al contest.

Fidelizzare la clientela ed aumentare la Brand Awareness

La Brand Awareness rappresenta la capacità degli utenti di riconoscere un determinato brand. Immaginate un ragazzino che vede il logo di un McDonald's: lo riconoscerebbe immediatamente insieme al servizio offerto dal brand, perché nel corso degli anni si è imposto nella quotidianità di tutti.

Questo è il vostro obiettivo: se ad esempio avete una gioielleria, chiunque pensi ad acquistare una collana in oro dovrà pensare al vostro brand.

Gli utenti devono capire fin dal primo momento chi siete e di cosa vi occupate, perciò il vostro brand deve essere associato a qualcosa: McDonald's è quel fast food che cucina panini in pochi secondi ad un prezzo accessibile, una bibita gassata equivale a

Coca Cola, una macchina di lusso italiana di colore rosso è una Ferrari.

Il primo requisito per aumentare la Brand Awareness è quindi quello della coerenza: i vostri post devono essere coerenti fra loro in termini di stile e forma, con elementi comuni riconoscibili, e far sì che l'utente non possa mai cambiare idea su chi siete e cosa facciate. Stabilire una tabella di marcia per la pubblicazione durante la creazione della strategia di marketing dei post aiuta a mantenerli coerenti tra loro.

La Brand Awareness può aumentare anche attraverso l'utilizzo di hashtag strategici, come illustrato in precedenza.

L'altro punto da rispettare, forse il più importante, è quello di scegliere le immagini e il loro formato con saggezza. È importante che siano di qualità e che non si cerchi di vendere sempre qualcosa in ogni immagine: l'utente non deve essere tartassato da messaggi promozionali perché invece di incuriosirsi potrebbe infastidirsi.

Monitora i risultati: i dati statistici

Attraverso l'analisi dei dati forniti da Instagram sarà possibile misurare, tramite i tre principali parametri di riferimento, l'andamento del vostro account:

- **Tasso di coinvolgimento**: la percentuale dei followers che interagisce con il vostro account rispondendo ai sondaggi, commentando le storie e i post e lasciando dei like. Man mano che il numero di followers aumenta sarà più difficile tenere d'occhio questo dato, a causa dell'ingente quantità di interazioni che rende difficile mostrare attenzione a tutti gli utenti. È necessario però rispondere almeno ad alcuni di questi, per far capire loro che siete presenti e avete a cuore le loro reazioni, ed incentivare quindi l'interazione;

- **Tasso di crescita dei follower**: il numero dei followers che si sono aggiunti alla tua *fanbase*. Si misura dividendo il numero di follower guadagnati con il numero di follower precedente, e moltiplicando questo valore per 100.;

- **Metriche del pubblico**: indica gli intervalli di tempo in cui i vostri followers sono più attivi e interagiscono con i tuoi post. Se in alcune fasce orarie rispondono in modo migliore ed interagiscono di più rispetto ad altre, potrete decidere di pubblicare i prossimi contenuti in quelle determinate fasce.

Lo strumento che Instagram mette a disposizione per valutare le metriche è *Instagram Insight,* una sezione del vostro account dove vedere tutti i "numeri" relativi ad esso, fondamentale per l'analisi dei dati. Attraverso i dati che derivano da Instagram Insight potrete capire cosa e quando i followers apprezzino i vostri contenuti. Per avere accesso a Insight è necessario avere un profilo aziendale: Instagram Insight non è retroattivo, perciò non potrete visualizzare i dati di tutto ciò che è accaduto sull'account prima del passaggio all'account aziendale, e dovrete aspettare circa una settimana prima che sia attivo.

Insight mostra i dati relativi sia ai post che alle storie. Per analizzare queste ultime si prendono in considerazione diversi fattori:

- **Impression**: indica il numero di volte che viene visualizzato un post;
- **Copertura**: indica il numero di persone raggiunte;
- **Numero di volte che gli utenti sono passati ad una storia successiva**: questo fattore è molto importante perché se le persone sono passate immediatamente ad una storia successiva significa che quel contenuto non è stato apprezzato. Ci possono essere diverse cause che hanno spinto l'utente a compiere questa determinata azione, prima tra queste la qualità del video o dell'audio bassa, oppure semplicemente perché il contenuto non è stato gradito;
- **Numero di volte che gli utenti sono tornati indietro a visualizzare una storia**: questo è il caso contrario di quanto analizzato precedentemente. Se gli utenti tornano indietro per visualizzare lo stesso contenuto significa che è stato molto apprezzato;
- **Numero di volte che gli utenti escono dalla visualizzazione**: questo è un dato molto negativo perché indica il numero di utenti che, vedendo una vostra storia, escono dalle visualizzazioni delle storie;
- **Numero di volte che gli utenti hanno interagito con la vostra storia** lasciando like o commenti.

Analizzare gli insight del vostro profilo Instagram vi aiuterà anche a capire come muovervi per una prossima campagna. Da essi potete ricavare diversi parametri molto interessanti:

• **Numero di followers**: indica le variazioni avvenute rispetto a 7 giorni prima;

• **Genere**: indica la percentuale del genere maschile e femminile che interagisce con il vostro profilo;

• **Fascia di età**: indica le varie fasce di età dei followers, potete analizzare quella che risponde meglio ai vostri post attraverso dei grafici;

• **Luogo**: indica il luogo di provenienza dei followers;

• **Periodo attività**: indica le fasce orarie in cui i followers sono più attivi.

Facendo un esempio, se da questa analisi vi accorgeste che il vostro pubblico è principalmente maschile, la fascia di età è dai 30 ai 40 anni, la maggior parte risiede nella vostra città, e interagiscono con i post negli orari serali, potreste impostare una campagna pubblicitaria seguendo questi criteri per indirizzarla ad un target che la accoglierà adeguatamente.

L'unico svantaggio di Instagram Insight è che i dati non sono esportabili al di fuori della piattaforma come avviene invece su altri social media, come Facebook.

Se si decidesse di non utilizzare Instagram Insight, esistono altri tool che permettono l'analisi dei dati in modo gratuito, come Social Bakers, Union Metrics, Simply Measured.

Se volete utilizzare il vostro account professionalmente, analizzare i dati è un'attività fondamentale che non potete assolutamente declinare.

Instagram ROI

Come potete determinare se la campagna pubblicitaria, organizzata con cura e precisione tramite hashtag strategici, analisi dei dati e cura dei contenuti, *funziona*? Quali strumenti è opportuno usare per misurare l'andamento del piano marketing e, più in generale, del vostro profilo aziendale?

Uno strumento sicuramente utile a questo scopo è il **ROI**, acronimo che sta per **Return Of Investment**, che indica il "ritorno" dell'investimento in termini numerici.

In pratica, non è altro che **la differenza tra il risultato economico ottenuto e il capitale investito** per un determinata attività.

In percentuale, può essere calcolato come:

(ritorni sulle vendite - costi della pubblicità) / costi della pubblicità x 100

Mentre questo parametro è facile da calcolare per il marketing classico, basato sui media tradizionali e la carta stampata, non è sempre immediato applicare il ROI al mondo complesso e sfaccettato dei social network.

Infatti, la misura del ritorno di investimento per la pubblicità televisiva o sui giornali è un elemento tangibile, un semplice ritorno economico a fronte di un investimento monetario nella promozione.

Il ritorno di investimento prodotto da una campagna di Instagram marketing, invece, non sempre si manifesta in termini di un aumento delle vendite. Talvolta lo scopo di una campagna è quello di incrementare i followers e l'engagement, oppure ottenere una maggiore diffusione in termini di pubblico. Si tratta di parametri meno concreti ma non meno importanti, per questo è fondamentale poterli quantificare.

Al termine di una campagna di Instagram marketing, potete determinare il ROI di Instagram attraverso cinque specifici indicatori, tra cui scegliere in base all'obiettivo che avete stabilito.

• **Copertura organica**
Il vostro brand registra **copertura organica** ogni qualvolta il profilo social venga menzionato nella didascalia o in una foto da un altro profilo.

In questo modo, attraverso un altro utente, il vostro brand ottiene una maggiore esposizione, soprattutto ad un pubblico che non fa parte dei vostri followers ma potrebbe essere interessato a diventare un nuovo cliente.

Il sistema migliore per ottenere questo genere di copertura è incoraggiare in ogni modo possibile la creazione di **UC**, ovvero **user-generated content**.

Per esempio, potreste dare inizio a un concorso per i vostri followers, invitandoli a pubblicare immagini con i vostri prodotti e menzionandovi nella didascalia, così da ottenere esposizione ai followers del vostro stesso pubblico. Un altro metodo per guadagnare copertura organica è lavorare con gli influencers, in modo da accedere al loro nutrito seguito. La copertura organica dunque è un parametro che misura la vostra popolarità tra i follower e l'impatto delle collaborazioni con gli influencers.

• **Tasso di crescita**
Il **tasso di crescita** non è altro che la crescita del vostro pubblico, che potete monitorare tramite gli Instagram Insights in diversi lassi di tempo.

La crescita del seguito è un parametro fondamentale perché avere un elevato numero di followers indica un buono "stato di salute" del profilo. Inoltre avere utenti pronti a interagire con voi e con i vostri contenuti è fondamentale per il successo del piano marketing.

La crescita del pubblico, in genere, va di pari passo con la copertura organica, poiché è la maggiore esposizione al pubblico di altri account che vi permetterà di guadagnare followers. Il tasso di crescita dunque è un ottimo parametro per misurare l'efficacia delle vostre strategie, la qualità dei contenuti e l'impatto della copertura organica.

• Coinvolgimento dei contenuti
L'**engagement** ricevuto da ciascun post può essere calcolato in modo semplice con una formula matematica:

(numero di mi piace + numero di commenti) / numero di followers = tasso medio di engagement

Si tratta di un dato che misura il successo dei singoli contenuti presso gli utenti. Ovviamente maggiore è il tasso di engagement, maggiori sono i benefici per il vostro profilo e il vostro brand.
Tenere monitorato questo dato è dunque un ottimo sistema per misurare quali contenuti riscontrino maggior successo, e quindi siano più adatti a generare conversioni in termini di vendite.

• Engagement del profilo
Similmente al tasso di coinvolgimento dei contenuti, anche il **coinvolgimento del profilo** è importante per stabilire il successo del vostro piano di Instagram marketing.
Questo parametro deve tener conto non solo del numero di mi piace e di commenti, ma anche di tutte le altre azioni che gli utenti possono compiere, quali visitare il profilo, effettuare il cosiddetto click-through fino al vostro sito web, salvare i contenuti e così via.

Questo parametro dunque misura in generale la qualità del profilo, dalla grafica all'efficacia della biografia, dalla rilevanza dei contenuti all'efficacia delle call to action.

• Partnership con gli influencers

Come già accennato parlando della copertura organica, lavorare insieme agli influencers è un ottimo modo per aumentare l'**esposizione** del vostro profilo a un pubblico più ampio.

La difficoltà nel mettere in pratica questa strategia dipende dalla necessità di scegliere gli influencers giusti per il vostro brand. Inoltre è complicato misurare in modo tangibile il ritorno sugli investimenti di una campagna di influencer marketing. In ogni caso è una strategia da considerare attentamente per dare un **volto social** al brand.

Per scegliere gli influencers non limitatevi alle preferenze personali: dovete selezionare persone che possano collaborare con voi in modo continuativo e duraturo. Per misurare questo fattore, la migliore strategia è stabilire obiettivi specifici per ciascuna campagna di influencer marketing e monitorare i risultati delle collaborazioni in base a quanto prefissato. Sulla base di uno o più di questi indicatori, potrete verificare il rendimento della strategia che avete messo in atto anche se non avete un ritorno economico immediato.

Influencer Marketing

L'Influencer marketing è una forma di marketing che si basa su **l'influenza** di alcune persone sul potere d'acquisto di altre. Questo tipo di maketing non va e non andrà mai a sostituire il content marketing o il social media marketing, è una tipologia di pubblicità differente nata negli ultimi anni che in breve tempo ha prodotto molti risultati. La prima forma di Influencer Marketing deriva dalle pubblicità televisive e non, in cui una celebrità, o comunque qualcuno con grande seguito (il *testimonial*) promuoveva un determinato prodotto. Questo avviene anche su Instagram, solo che spesso le persone famose sui social non sono vere e proprie celebrità come attori o cantanti, ma persone comuni che hanno ottenuto un seguito lavorando e creando contenuti giorno dopo giorno nella community.

L'Influencer Marketing ha creato una vera e propria svolta nel mondo pubblicitario, perché nelle piattaforme come Instagram e YouTube, dove le "celebrità" hanno un rapporto più genuino e diretto con gli utenti, si può generare una maggiore fiducia o sfiducia in un prodotto. Un influencer che parla male di un determinato prodotto può causare diversi danni d'immagine ad un'azienda, ecco perché molte volte accaparrarsi i favori di un influencer non solo porta miglioramenti nell'immagine aziendale ma anche e soprattutto evita che ci sia una cattiva pubblicità. Investire nell'influencer marketing ha diversi vantaggi:

• **Brand Value**: nel momento in cui una celebrità sul web pubblicizza il prodotto di una determinata azienda, se questa sponsorizzazione è avvenuta in modo corretto, il brand ne potrà trarre effetti positivi anche successivamente. L'obiettivo è quello di creare una vera e propria community intorno al vostro brand che creda nel vostro messaggio e nei servizi/prodotti che offrite;

• **Influencer**: avere una recensione positiva di un influencer seguito da migliaia di persone porterà vantaggi molto importanti per la vostra azienda, dato che l'opinione di questi è vista sempre come genuina, perché sono piattaforme che basano la loro comunicazione sull'utilizzo di un linguaggio diretto ed efficace;

• **Followers**: sono fondamentali sia per gli Influencer che per le aziende. Sono coloro che compongono la community e permettono all'azienda di ottenere dei profitti. I followers sono la benzina che permette il movimento della macchina, senza loro non esisterebbe la figura dell'influencer e l'Influencer Marketing stesso.

Quindi come trovare il giusto Influencer per la vostra campagna di marketing? Bisogna trovare la persona che abbia dei follower in linea con i tuoi principi e con il prodotto che vai ad offrire: nel momento in cui siete proprietari di una gioielleria che vende prodotti di elevato valore, sarà inutile investire in un influencer con followers in una fascia d'età tra i 13 e i 16 anni, oppure, se siete produttori di assorbenti non cercherete un influencer con un pubblico prettamente maschile.

Altro consiglio è quello di cercare di far capire all'influencer quali sono i vantaggi nell'utilizzo del vostro prodotto, in modo tale che possa sponsorizzarlo al meglio. Non dovete cercare di pubblicizzare delle qualità che non rispecchiano il prodotto dicendo delle falsità, in primo luogo perché non è eticamente corretto, e in secondo luogo perché un influencer, per costruire una sua community che si attiene alla sua opinione, ha lavorato molto tempo e non vorrà mai rovinare la sua reputazione promuovendo un prodotto scadente o che possa trarre in inganno altri. L'ultimo consiglio è quello di vedere l'engagement rate di un profilo, perché l'elevato numero di follower non sempre corrisponde ad un "ottimo influencer". Esistono profili con migliaia di utenti e un bassissimo engagement rate: se è inferiore al 5% non è conveniente investire in essi.

Contenuti Brandizzati

Il 68% delle persone afferma che si collega su Instagram principalmente per interagire con i creatori di contenuti. Da questo dato è facile comprendere perché così tante aziende collaborano con gli influencer per creare contenuti brandizzati. La parola di un influencer può realmente *influenzare* la scelta dei consumatori.

Fino a poco tempo fa le aziende non avevano modo di "pubblicizzare" o aumentare i post sponsorizzati creati dagli influencer con cui collaboravano. Di recente però è stata aggiunta la nuova funzionalità dei contenuti brandizzati.

Con questa *feature* le aziende possono promuovere i post degli influencer come dei veri e propri annunci pubblicitari all'interno della piattaforma Instagram.

Questo si traduce in un enorme potenziale per le aziende, che finalmente sono in grado di controllare meglio tutte le statistiche, e soprattutto ottimizzare le proprie campagne pubblicitarie per avere un ROI più alto possibile.

Le aziende saranno quindi in grado di indirizzare un target con i loro contenuti sponsorizzati e misurare le prestazioni utilizzando la piattaforma di Business Manager di Facebook per la gestione delle sponsorizzazioni.

In questo modo è possibile per l'azienda utilizzare un influencer per influenzare la scelta dei consumatori e allo stesso tempo dirigere il traffico verso quel preciso contenuto.

Esistono 3 passaggi principali per la creazione di annunci per contenuti brandizzati.

L'azienda autorizza gli influencer a taggarla nei post brandizzati. Quando questo consenso sarà confermato sarà in grado di vedere il contenuto all'interno della piattaforma della gestione annunci, ed iniziare la campagna pubblicitaria. Prima di poter pubblicare gli annunci brandizzati dovete quindi autorizzare gli influencer con cui collaborate a taggare l'azienda nei post.

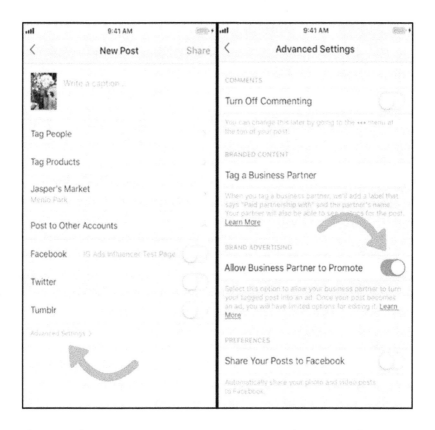

Per fare ciò bisogna recarsi su Instagram, selezionare le impostazioni aziendali, e recarsi su "Contenuti brandizzati". Successivamente è possibile selezionare gli account approvati.

Creazione di un contenuto brandizzato da parte dell'influencer

Prima di tutto, l'influencer crea il post comprensivo di didascalia e luogo. Toccando su "Tag Business partner" può cercare il business a cui fa riferimento nel contenuto.

In alternativa, se il post è stato già pubblicato, può modificarlo per aggiungere il tag del Business Partner.

L'azienda dovrà invece accedere alla piattaforma di gestione annunci (Business Manager di Facebook) e creare una nuova campagna seguendo esattamente le istruzioni spiegate nell'apposito capitolo.

Quando si è giunti alla sezione relativa alla creatività è necessario cliccare su "usa un post esistente" e andare nel tab dei contenuti brandizzati, dove saranno visibili i post taggati dall'influencer per l'azienda partner che possono essere sponsorizzati.

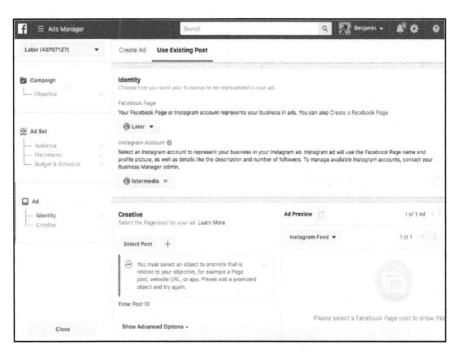

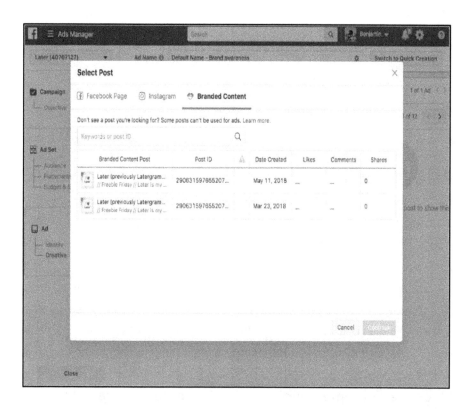

Questo tipo di contenuti rappresenta un'evoluzione per la collaborazione tra influencer a aziende, che diventa più flessibile e remunerativa per entrambi. L'influencer metterà a disposizione la sua "fama" all'azienda, che potrà gestire liberamente la campagna pubblicitaria per ottenere il maggior successo a fronte del proprio investimento.

Tutto ciò si traduce nella possibilità di ottenere dati importanti come impressions, interazioni e conversioni, per stabilire come ottimizzare la campagna e soprattutto come risponde il pubblico.

Instagram Shopping

Instagram è sempre in costante aggiornamento, facendo di tutto per rendere l'esperienza dell'utente la migliore in assoluto e per agevolare chi voglia vendere attraverso questo social network.

È stato introdotto negli ultimi mesi **Instagram Shopping**, una funzione che consente agli e-ecommerce di creare una vetrina coinvolgente evidenziando post specifici per taggare i prodotti presenti in essi, così che gli utenti possano esplorare il "negozio" attraverso un semplice tocco.

La possibilità per i brand di taggare i propri prodotti all'interno dei post aumenta notevolmente il tasso di conversione. Questo sistema agevola gli utenti, che dovranno "affrontare" molte meno fasi per ottenere determinate informazioni come prezzo e link d'acquisto.

Questo è l'insieme dei processi da affrontare senza l'utilizzo di Instagram shopping:

- L'utente segue un brand;

- La pagina Instagram del brand pubblica un prodotto e nella didascalia si possono trovare le varie informazioni;

- L'utente, interessato al prodotto, cerca un link nella bio e successivamente, una volta fuori Instagram, inizia la fase di ricerca del prodotto che ha visto nel post.

Nella fase finale ci sono diversi ostacoli per l'utente, poiché non è sicuro che riesca a trovare il prodotto o che sappia navigare all'interno del sito per cercarlo, o che abbia abbastanza dedizione per scavare abbastanza a fondo.

Ora vediamo invece il processo semplificato grazie ad Instagram Shopping:

- Un utente di Instagram segue un brand;

- Il brand pubblica la foto di un prodotto in vendita, e tagga il prodotto nell'immagine/video;

- L'utente clicca sul prodotto taggato nel posto e viene automaticamente indirizzato all'acquisto di quel prodotto.

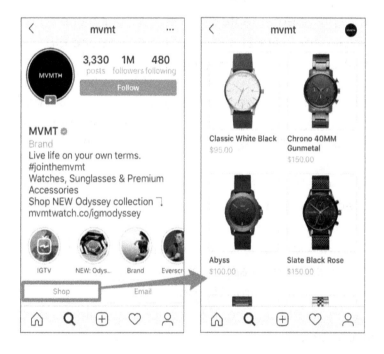

In sintesi, le pagine dei prodotti di Instagram Shopping presentano tutto ciò che un utente potrebbe voler sapere prima di acquistare un articolo, tra cui:
• Il nome del prodotto;
• Immagini del prodotto;
• Una descrizione del prodotto;
• Il prezzo del prodotto;

• Un link per visualizzare il prodotto sul sito web;
• Prodotti correlati.

Ci sono però dei requisiti da rispettare per poter essere idonei ad utilizzare questa funzione. Dovete assicurarvi che:
• La funzione Instagram shopping sia abilitata nel vostro Paese (l'Italia è abilitata);
• Avere una pagina Facebook Aziendale;
• Avere un catalogo prodotti su Facebook;
• Avere un profilo Instagram Aziendale;
• Vendere prevalentemente prodotti fisici (è ciò che consiglia Instagram per applicare al massimo la sua funzione e per non andare contro ad alcune normative).

Se ancora non si dispone di un catalogo su Facebook (indispensabile per collegarlo al profilo Instagram) bisogna recarsi sulla propria pagina di Facebook e cliccare sul Tab "Vetrina".

Dopo aver effettuato il collegamento del catalogo di Facebook con Instagram bisognerà attendere che venga analizzato, assicurandosi che rispecchi tutti i requisiti richiesti e soprattutto che non vi sia una violazione delle normative.
Quando l'account sarà approvato allora sarà possibile inserire i tag dei prodotti all'interno dei post e delle storie di instagram.
Per ulteriori approfondimenti è possibile consultare i documenti che Facebook e Instagram mettono a disposizione.

Creazione di Promozioni

Instagram è una piattaforma che permette anche di promuovere un prodotto o servizio.

I vantaggi di una campagna promozionale su Instagram o Facebook rispetto ad una tradizionale derivano dalla possibilità di andare ad intercettare utenti che abbiano interessi in comune, siano potenzialmente suscettibili ai servizi offerti (e quindi più inclini ad approfittarne), e ad un costo molto contenuto.

Inoltre, la grande differenza è che è possibile in qualsiasi momento valutare l'andamento della vostra inserzione e vedere se questa sta raggiungendo i risultati previsti. Qualora questo non avvenisse si può anche fermare in quello stesso momento la sponsorizzazione per modificarla, senza perdere ulteriori soldi. È un modo di fare pubblicità moderno e vantaggioso perché il costo è molto più gestibile, e offre la possibilità di rivolgersi ad una moltitudine di utenti.

È necessario avere anche un account Facebook, e soprattutto una pagina Facebook collegata all'account Instagram, per ottenere i dati di fatturazione e di pagamento. Da questo link:

https://www.facebook.com/ads/manager/account_settings/information/

potrete inserire i vostri dati di fatturazione. Avendo preparato tutto questo, noterete che al di sotto dei vostri post è presente un pulsante blu con la scritta "mettere in evidenza". Cliccando su questo pulsante Instagram vi chiede qual è il vostro obiettivo: le opzioni più scelte in genere sono la maggiore visualizzazione di un profilo, oppure reindirizzare l'utente su una pagina web.

Dovrete poi indicare a chi si rivolge la campagna promozionale, perciò a quale genere, fascia d'età e luogo, e in quali fasce orarie vuoi svilupparla.

Infine, la piattaforma richiede il budget che volete investire, sia in totale che per ogni giorno.

Maggiore è il budget che deciderete di investire e più velocemente otterrete dei risultati. Il consiglio è quello di iniziare comunque ad investire un budget basso, di pochi euro al giorno, per capire l'andamento della campagna promozionale e la reazione del pubblico attraverso l'analisi dei dati. Una volta lanciata la campagna, Facebook si prenderà qualche ora per decidere se è conforme al suo regolamento o meno, in caso contrario richiederà di apportare alcune modifiche.

In queste campagne promozionali è possibile utilizzare sia video che foto. Facebook è contrario all'utilizzo di molte scritte nelle immagini, quindi potrebbe bloccarvi e chiedere di cambiare immagine qualora le scritte superino il 20% delle dimensioni della foto. Se andrà tutto per il verso corretto, Facebook vi permetterà di lanciare la campagna pubblicitaria su Instagram.

Facebook fornisce un vero e proprio regolamento da rispettare per quanto riguarda le sponsorizzazioni, consultabile al seguente link:

https://www.facebook.com/business/help/223106797811279.

Funnel per la Vendita

Con *Funnel di Marketing* si intende un percorso guidato e preciso per il vostro pubblico. Nella pratica è come se prendeste per mano i vostri potenziali clienti e li accompagnaste durante tutto il percorso fino alla fase finale, ovvero la conversione.
All'interno del Funnel ci sono quattro macro fasi essenziali da tenere sempre in considerazione:

Attenzione

Interesse

Decisione

Azione

Il vostro compito sarà quello di guidare il pubblico attraverso queste quattro fasi fino a ottenere l'obiettivo prefissato, che può essere la richiesta di collaborazione o una vendita sul vostro business.
Pochi sanno che all'interno del proprio profilo Instagram è già presente un mini-funnel, che si manifesta quando, nella pubblicazione di contenuti, nella didascalia viene inserita una chiamata all'azione ben precisa, che ha l'obiettivo di far memorizzare un indirizzo web (semplice) a chi legge, o portare il pubblico a cliccare il link all'interno della bio, o altri elementi simili: gli utenti, qualora interessati ai vostri contenuti, possono contattarvi attraverso un messaggio privato direttamente su Instagram.

In sintesi, il percorso all'interno di questo mini-funnel può assumere diverse direzioni con lo stesso obiettivo:

• Memorizzazione del link da parte del visitatore, che lo cercherà su Google;
• Click sul profilo e click del link in bio;
• Click sul profilo e messaggio diretto.

Come potete notare, Instagram svolge il ruolo di "punto d'entrata" per i visitatori interessati al vostro business.

Passiamo ora alla pratica e alla realizzazione del Funnel completo. Prima di tutto, occorre catturare l'attenzione del vostro pubblico attraverso la pubblicazione di foto o video di alta qualità.

In questa fase dovrete fare molti test prima di capire cosa realmente piace al pubblico, e controllare costantemente le statistiche e performance dei vostri post. In particolar modo dovete controllare impressions e interazioni.

Dopo che sarete riusciti a catturare l'attenzione del pubblico è essenziale che questo sia interessato a quello che avete da dire, quindi a ciò che volete comunicare. In questo caso scrivere un testo altamente persuasivo grazie alle strategie di copywriting sarà essenziale.

Nel momento in cui siete riusciti ad alimentare l'interesse del pubblico arriva la fase più cruciale. È importante sapere che solo una piccola parte passerà alla fase successiva, ma corrisponderà alla percentuale di persone altamente interessata ai vostri servizi e prodotti.

Ora è il momento del click sul link, e quindi di recarsi fuori Instagram per dare vita alla seconda parte del Funnel: l'acquisizione del contatto che diventerà potenziale cliente.

Il 99% delle persone non sarà pronta ad acquistare immediatamente, quindi è bene catturare il contatto per effettuare azioni di marketing.

Più precisamente, quando le persone cliccano sul link saranno indirizzate verso una Landing Page che ha l'obiettivo unico di raccogliere il contatto, che può essere un indirizzo email o un numero di telefono. In questo modo avrete i dati del vostro potenziale cliente, che potrete ricontattare con email promozionali, messaggi o telefonate, in modo tale da rispondere ad eventuali obiezioni o rassicurarlo.

Ora che avete ottenuto il contatto potete avviare un'azione di *follow-up*, e seguire il potenziale cliente lungo il percorso. Nel frattempo continuerete a pubblicare altri contenuti ed inviarli via mail al potenziale cliente, per essere sempre presente nella sua mente fino al momento in cui si deciderà a diventare un vero cliente.

Creazione di Campagne Pubblicitarie

Per creare una campagna pubblicitaria con Instagram il primo passo è avere un account sulla piattaforma Business di Facebook (Instagram è proprietà di Facebook).

Dopo aver effettuato l'accesso, il primo passo da fare è andare su "Gestione Inserzioni" e creare una nuova inserzione da zero. Il primo passo a questo punto è selezionare il nostro obiettivo tra:
• Notorietà del brand;
• Copertura;
• Traffico;
• Interazione;
• Installazioni dell'app;
• Visualizzazione del video;
• Generazione di contatti;
• Messaggi;
• Conversioni;

- Vendita dei prodotti del catalogo;
- Traffico nel punto vendita.

Se il vostro obiettivo è ottenere vendite attraverso campagne promozionali su Instagram, la scelta più consigliata è selezionare l'obiettivo "conversioni" che si concentrerà sulle persone più inclini ad acquistare online.

Se invece volete aumentare la notorietà del brand è consigliabile utilizzare l'obiettivo "Notorietà del brand", ma anche l'obiettivo "Interazione" che, appunto, genererà interazione all'interno del post sponsorizzato. Facebook quindi andrà a targhetizzare tutte quelle persone che sono più inclini a lasciare un like o a commentare un post.

Un altro obiettivo molto utile per aumentare il numero di interazioni è l'obiettivo "visualizzazione video", soprattutto se nell'account instagram si predilige la pubblicazione di contenuti di tipo video piuttosto che immagini. Anche in questo caso non esiste una regola fissa ma bisogna testare le acque.

Una volta scelto l'obiettivo dovete impostare il target di riferimento, ovvero comunicare a Facebook quale è il vostro pubblico ideale inserendo gli interessi e/o comportamenti dell'audience che volete ottenere.

Se si ha già un profilo Instagram con un certo numero di interazioni e follower (a condizione che sia impostato anche il profilo aziendale) sarebbe una buona idea andare a vedere le statistiche di chi segue il profilo, e quindi avere già un'idea sul genere predominante che interagisce ed eventualmente anche l'età.

Questo vi permetterà di avere più informazioni sul target ed escludere tutte quelle persone che visitano poco o niente il vostro profilo.

Ad esempio: se notate che il vostro profilo è seguito prevalentemente da donne, la cui fascia d'età è compresa tra i 25 e i 45 anni, allora avrete già un suggerimento sul target da impostare durante la creazione della campagna pubblicitaria.

Selezioniamo ora il Paese dove volete far apparire la campagna pubblicitaria, l'età ed il genere.

Infine trovate l'opzione più potente, ovvero la "Targhettizzazione dettagliata" dove andrete a inserire gli interessi e i comportamenti del vostro target.

Ipotizzando di voler vendere dei gioielli, potrete inserire all'interno della targhettizzazione dettagliata interessi del tipo:
• Gioielli;
• Braccialetto;
• Orecchino;
• Orologio;
• Anelli.

In questo modo state comunicando a Facebook di indirizzare la campagna pubblicitaria verso persone che hanno mostrato questi interessi.
È possibile anche creare un'intersezione di interessi, ad esempio selezionando:
• Persone che hanno interessi per Gioielli;
• E che contemporaneamente hanno interessi per Anelli.

Facebook andrà a selezionare quel preciso target che ha quei 2 interessi intersecati (quindi non presi singolarmente).
È possibile anche escludere degli interessi, e quindi comunicare a Facebook una cosa del tipo:
• Persone che hanno interessi per Gioielli;
• Escludi persone che hanno interessi per Shopping Online

Non esiste una regola precisa per impostare gli interessi, ma sicuramente è buona norma inserire interessi quanto più affini possibile per l'obiettivo che si vuole raggiungere e per ciò che si vuole vendere.

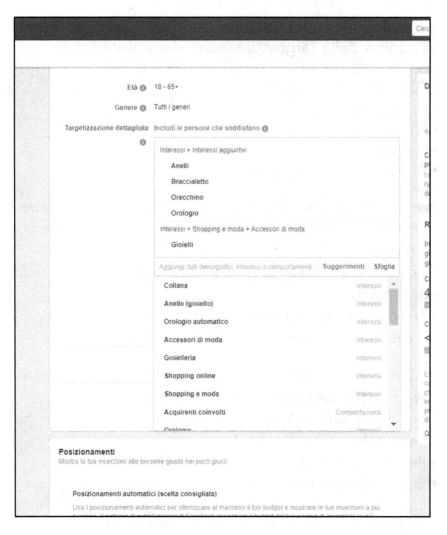

Attenzione a non trascurare la voce relativa ai "posizionamenti". Dovete infatti assicurarvi che, qualora non voleste pubblicizzare i vostri post in altre piattaforme, di aver selezionato come piattaforma solo Instagram.

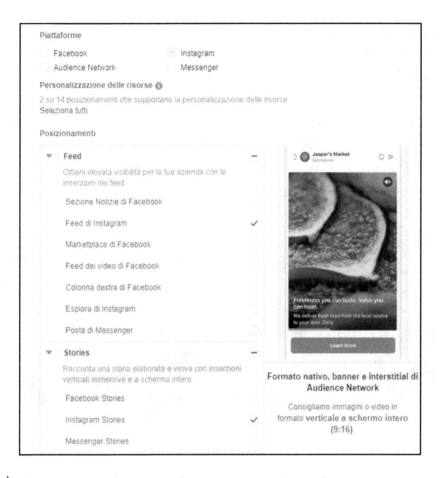

È il momento di creare il vostro contenuto da sponsorizzare, quindi scegliere foto o video e il testo.

Anzitutto, scegliete il formato. L'immagine o video singolo è la classica inserzione con una sola immagine, testo e chiamata all'azione (Scopri di più, Acquista ora, etc).

Oppure si può optare per il formato "carosello", dove potete inserire più immagini che si susseguano attraverso il tocco direzionale. Se avete più prodotti correlati che volete mostrare, lo potete fare con più immagini (fino ad un massimo di 10).

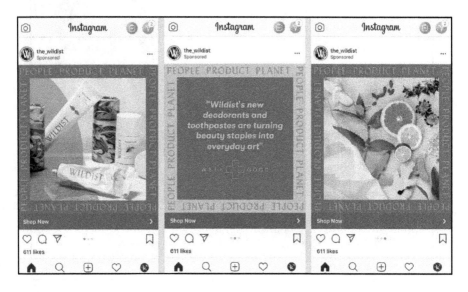

Ora è il momento di selezionare il contenuto multimediale e il testo, di inserire l'indirizzo del sito web, e scegliere la Call to action in base a quali sono i tuoi obiettivi.

Nell'immagine precedente si vede la classica inserzione dove viene mostrata la foto, la chiamata all'azione (Scopri di più) e il testo. Il bottone può indirizzare gli utenti verso un indirizzo web, verso il profilo dell'utente o verso un post in particolare.

Mentre nel caso del carosello l'inserzione verrà visualizzata con i classici *pallini* che indicano foto multiple all'interno del singolo post.

Lead Generation su Instagram

La *Lead Generation*, letteralmente tradotto come Generazione di Contatti, è un aspetto fondamentale in ogni Business ed in ogni strategia di Marketing.

Acquisire contatti vi permette di avere una comunicazione diretta sia con chi ha acquistato i vostri servizi/prodotti sia con chi non li ha ancora acquistati ma potrebbe farlo.

In quest'ultima situazione, se qualcuno non ha acquistato da voi ma ha lasciato il suo indirizzo Email (o numero di telefono) potrete contattarlo e inviargli altri contenuti di valore per trasformarlo in cliente pagante.

Nel caso in cui non abbiate un pubblico già fidelizzato al tuo profilo Instagram, potete procedere attraverso le campagne pubblicitarie spiegate nel capitolo precedente. Il vostro obiettivo nel caso di Lead Generation è più che chiaro: volete acquisire contatti interessati a ciò che vendete.

Prima di avviare la campagna di Lead Generation è importante avere bene in mente cosa volete dare in cambio per fare in modo che lascino il loro contatto. Il pubblico che visiterà la vostra inserzione non lascerà lun contatto personale solo perché avete un bel profilo, vuole qualcosa in cambio: ad esempio un codice sconto sul primo acquisto, oppure un Ebook gratuito.

Dopo aver stabilito quale sia la vostra "offerta gratuita" potete procedere alla creazione della campagna di Lead Generation.

Seguendo quanto descritto nel capitolo precedente, accedi alla piattaforma per la creazione di campagne pubblicitarie e seleziona l'obiettivo "Generazione di contatti".

Questo obiettivo vi consente di acquisire contatti anche senza avere un sito web, in quanto viene utilizzato il modulo di contatto di Facebook.
Inseriamo le varie informazioni: budget, target, posizionamento sulle piattaforme social, creatività (titolo, immagine o video), ed infine un nuovo passaggio: la creazione del modulo di contatto.
Grazie a questa funzione non servirà avere una landing page dove catturare i contatti, portando le persone al di fuori di Instagram.
Potete procedere con la creazione del modulo inserendo un'immagine personalizzata come intestazione, un titolo ed un eventuale paragrafo per il sottotitolo.

In seguito, inserite le domande:

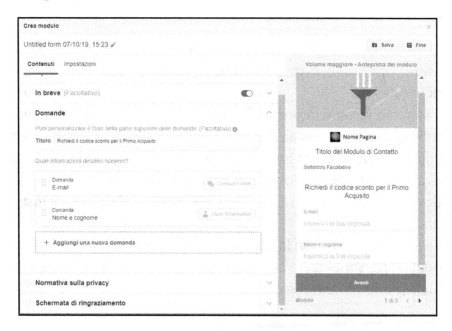

Evitate di inserire troppi campi se non sono strettamente necessari. Ad esempio, se la data di nascita non è un campo che vi serve evitatelo, perché troppi campi equivalgono ad un maggiore "impegno" per il vostro visitatore, che potrebbe anche essere infastidito dalla richiesta di troppi dati personali.

Dopo aver impostato le domande, passate alla "Normativa sulla privacy" che è fondamentale per poter avviare la campagna pubblicitaria.

Potete inserire il link del disclaimer sulla privacy presente sul vostro sito o affidarvi a siti terzi, come **Iubenda**, per generare un testo che racchiuda la normativa. Infine, impostate la pagina di ringraziamento.

Potete inserire un bottone finale che indirizzi ad un sito web, a chiamare l'azienda, oppure a scaricare qualcosa.

Nel caso dell'indirizzo web potete utilizzare anche l'URL del vostro profilo Instagram o di un post a vostro piacimento.

Le cose da NON fare su Instagram

Dopo aver esaminato le più importanti strategie per utilizzare Instagram nel modo corretto, vediamo anche pratiche o cattive abitudini da evitare e i più comuni errori in cui potreste incorrere.

1. No ai troppi contenuti

Sebbene sia vero che il numero di post pubblicati ogni minuto su Instagram è in continuo aumento, e questo diminuisca la visibilità del vostro account, pubblicare contenuti a raffica non è una strategia vincente.

Gli utenti, infatti, sono spesso infastiditi da una serie di post consecutivi o molto ravvicinati provenienti dallo stesso profilo e magari riguardanti il medesimo soggetto. L'alternativa a una serie di post simili tra loro può essere un video, oppure un album con la selezione degli scatti migliori.

In ogni caso evitate di intasare il feed dei vostri followers con troppi post in un breve lasso di tempo perché potreste rischiare di perderli.

2. No alle biografie incomplete

La biografia del profilo è il primo biglietto da visita con cui vi presentate a possibili clienti, deve essere curata e dotata di tutte le informazioni.

Ricordate sempre di identificarvi e identificare l'azienda in modo univoco, fornite le informazioni di contatto per richiedere ulteriori spiegazioni e trattate l'argomento di cui vi occupate in brevi e semplici parole chiave.

La cosa fondamentale è non dimenticare di inserire il link: quello nella biografia è l'unico link cliccabile che Instagram vi consente di aggiungere ai vostri contenuti. Pertanto mancare di utilizzare questa funzione vi farà perdere moltissimi visitatori sul sito web o sulla pagina che desiderate condividere con i followers.

3. No alle foto di bassa qualità

La qualità delle immagini che pubblicate sui social media è sempre importante, ma ancora di più lo diventa su un social basato quasi esclusivamente sui contenuti visivi.

Soprattutto se il vostro è un profilo aziendale, è fondamentale che le immagini impiegate siano di alta qualità e ottima risoluzione, così da conferire al profilo un aspetto professionale e curato ed evitare di perdere credibilità.

4. No alle foto di terzi

Produrre immagini di qualità, in quantità sufficiente da coprire un numero ragionevole di contenuti, per affermare la vostra presenza online è spesso un lavoro impegnativo. Potreste essere tentati, in questo caso, di ricorrere a immagini trovate in rete da utilizzare come base per i vostri post di Instagram.

In una situazione del genere dovete prestare molta attenzione, perché benché esistano modi legali per utilizzare foto di terzi per i propri contenuti, dovete accertarvi di averne il diritto e rispettare i termini e le condizioni d'uso delle immagini. Quindi dovrete assicurarvi di avere il permesso dell'autore di usare la foto per scopi commerciali.

Se invece posterete solo immagini originali, possiederete sia i **diritti d'autore** che la **proprietà intellettuale** e questo vi metterà al riparo da qualsiasi problema.

5. No all'utilizzo dei bot

Una delle strategie per incrementare il proprio seguito su Instagram è quella di interagire con i profili degli altri utenti, seguendoli e mettendo i mi piace ai loro contenuti.

Seguire molti profili, tuttavia, può diventare una pratica molto dispendiosa in termini di tempo, e per questo potreste cadere nella tentazione di utilizzare i bot.

I **bot** sono applicazioni che permettono di automatizzare il processo di seguire e apporre mi piace ai post di Instagram o addirittura commentare con messaggi prestabiliti.

Certo, l'impiego di questi strumenti lascia più tempo da dedicare alla creazione di contenuti interessanti, ma ci sono dei rischi collegati all'uso dei bot che spesso risultano essere superiori ai benefici.

Il primo e più importante è la **violazione dei termini e delle condizioni d'uso di Instagram**, che dichiarano esplicitamente come l'uso di automazioni rappresenti una violazione ai termini d'uso della piattaforma. Questo può portare alla sospensione dell'account o a uno **shadow ban**, ovvero i vostri contenuti diventeranno praticamente invisibili senza che voi nemmeno ve ne rendiate conto. Inoltre, anche se doveste evitare le penalizzazioni previste dalla piattaforma, rendere le vostre interazioni piatte e impersonali è in netto contrasto con la politica sull'autenticità e la costruzione di una reputazione affidabile e coerente della vostra presenza online.

6. No alla mancanza del geotag

Soprattutto se state promuovendo un'azienda fisica, lo scopo delle vostre campagne di Instagram marketing è farvi trovare. Pertanto l'utilizzo della **geolocalizzazione** in associazione alle foto e ai video che pubblicate è lo strumento più immediato per comunicare la vostra posizione e farvi trovare dai potenziali clienti. Quindi non dimenticate di sfruttare questa funzionalità.

7. No all'acquisto dei followers

L'acquisto di followers è un grosso e chiaro NO. Tanto per cominciare non è corretto dal punto di vista etico e va contro il principio stesso di social network, in secondo luogo, abbiamo già visto come avere un elevato numero di followers non sia sufficiente a garantire il successo al vostro profilo. Ciò che vi serve sono followers *veri*, coinvolti e attivi, che partecipino interagendo con i contenuti che proponete e che magari contraccambino parlando di voi e aumentando la vostra copertura organica.

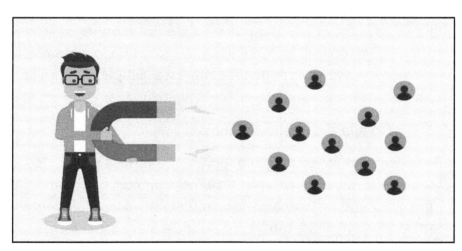

Tutto questo non potrete certo ottenerlo dall'acquisto di seguaci fasulli.

8. No all'eccesso di promozioni

È vero, avete creato un account aziendale di Instagram e portate avanti un piano marketing allo scopo di promuovere quello che fate e ciò che l'azienda produce. Ma bombardare i followers con una serie infinita di post puramente promozionali non è la strada giusta per instaurare con loro un rapporto di fiducia.
Ciò che gli utenti di Instagram desiderano sono contenuti di qualità che diano loro qualcosa, un valore aggiunto. La pubblicità pura e semplice non rientra nella categoria.
Sforzatevi quindi di essere originali e di creare contenuti interessanti e dotati di un valore intrinseco. Chi vi segue troverà comunque la strada fino ai vostri prodotti.

9. No alla monotonia

Avete scoperto che un certo tipo di contenuto ha molto successo?
La tentazione di continuare a replicare lo stesso genere di post potrebbe diventare molto forte, ma non dovete cedere.
Sebbene analizzare ciò che funziona e quale genere di contenuto sia più apprezzato da chi vi segue sia un'ottima strategia, continuare a replicare sempre le stesse cose non lo è, perché la monotonia finirà per spegnere l'interesse del pubblico verso i vostri post, perciò ricordatevi di continuare a variare le proposte.

10. No alle didascalie scadenti

Avete passato molto tempo a rendere perfetta la vostra foto, a scegliere lo scatto giusto per esprimere un concetto, a modificarlo utilizzando la combinazione più accattivante di filtri ed effetti, ora non rovinate tutto con una didascalia scadente.

La didascalia è il mezzo per convincere un utente non solo a mettere mi piace, ma anche ad interagire con voi. Dovete utilizzarla per attirare la sua attenzione oltre l'immagine e indurlo a lasciare un commento al post. Non sprecate questa occasione.

11.No ai soli post senza storie e live

Come abbiamo detto, l'utilizzo delle storie di Instagram è diventato uno strumento fondamentale per la visibilità del brand e l'interazione con i possibili clienti. Non sottovalutatelo e soprattutto non perdete questa occasione. Le storie infatti sono il modo giusto per instaurare una relazione più attiva e far sì che il pubblico partecipi attivamente interagendo con i vostri contenuti. Ottenere interazioni dalle storie è molto più semplice e immediato che convincere i follower a commentare i post statici. Per quanto riguarda i live, sono un'occasione per mostrare ulteriori lati dell'attività che svolgete e dell'azienda. Inoltre consentono di garantire agli utenti che dietro il profilo aziendale ci sono esseri umani in carne e ossa, e questo è importante per costruire quella credibilità e reputazione di cui abbiamo tanto parlato.

12.No agli hashtag sbagliati

Abbiamo dedicato un intero capitolo alla scelta degli hashtag giusti per ogni occasione, ma ricordiamo brevemente alcune cose da non fare a questo proposito.
Tanto per cominciare, non pubblicate contenuti senza hashtag. Potreste comunque ottenere delle interazioni, ma perdereste gran parte dell'efficacia del vostro post. Evitate di utilizzare gli hashtag vietati, per esempio quelli troppo generici, proibiti per motivi di sicurezza o il banale #instagram.
Non utilizzate hashtag che non siano pertinenti con il contenuto che pubblicate e soprattutto evitate di replicare in ogni post sempre la stessa lista di hashtag senza mai variare.

Best practices delle Grandi Aziende

Dopo aver dato una rispolverata alle pratiche da evitare, concludiamo con un elenco di comportamenti virtuosi da imitare, che accomunano i profili business che davvero funzionano su Instagram.

1. Interagire coi followers e condividere esperienze

Ormai dovreste aver chiaro che ciò che gli utenti di Instagram cercano non sono immagini di prodotti, ma **storie ed esperienze**. Il vostro profilo aziendale dunque non dev'essere una sequela infinita di immagini promozionali, ma deve raccontare qualcosa ai followers dando loro immagini emozionanti da osservare, che catturino l'attenzione mentre scorrono il loro feed.
Un esempio di profilo aziendale che sfrutta immagini eccezionali per raccontare storie è quello di GoPro. Anziché postare immagini delle loro videocamere e fotocamere, mostrano agli utenti quello che i loro prodotti possono fare.

2. Creare un hashtag rappresentativo

Adesso sapete quanto sia importante per la popolarità del profilo e la buona riuscita del piano marketing selezionare gli hashtag giusti. Ma ce n'è uno in particolare che non dovete dimenticare: un hashtag rappresentativo del vostro brand. Innanzitutto è importante creare un hashtag relativo al vostro marchio. che possiate utilizzare in tutti i vostri post, ma ancora più fondamentale è studiare un hashtag rappresentativo per ciascuna specifica campagna di marketing che deciderete di mettere in atto. In questo modo non solo tutti i post relativi a quella campagna saranno immediatamente riconoscibili e ricercabili, ma i follower avranno un hashtag da condividere e utilizzare all'interno degli user-created contents. Inoltre un uso oculato di un hashtag rappresentativo e personalizzato può essere un ottimo modo per generare engagement.

Qualche esempio? Il celebre esempio #DoUsAFlavor con cui il brand Lays ha coinvolto il suo pubblico chiedendo di votare il gusto preferito, oppure l'ancor più celebre #ShareACoke che Coca Cola ha impiegato per promuovere le bottiglie con le etichette personalizzate.

3. Promuovere i post di Instagram sugli altri social

Una funzionalità semplice messa a disposizione di qualsiasi account Instagram è quella di condivisione. Nella stessa schermata in cui inserite la didascalia, potete scegliere di condividere il post di Instagram su altri social come Twitter e Facebook. Questo è un ottimo modo per aumentare l'esposizione del contenuto che avete creato verso un pubblico più ampio, riutilizzare i contenuti per altre piattaforme e attirare nuovi followers verso il vostro account Instagram.

4. Creare campagne di Influencer Marketing

La creazione di campagne di marketing in collaborazione con gli influencers di brand è una strategia ottima per aumentare la vostra copertura organica. Tuttavia la decisione più critica è quella di scegliere gli influencers giusti per i vostri prodotti. In questo senso è molto importante conoscere il pubblico che vi segue. Poiché è inutile e perfino dannoso cercare di piacere a tutti e attirare un pubblico generalizzato, è molto meglio concentrarsi su una nicchia ristretta ma davvero interessata ai vostri prodotti. Lo stesso principio si applica alla scelta degli influencers. Scegliete tra coloro che sapete già essere appassionati dei vostri prodotti o, per lo meno, del genere di prodotti che offrite.

L'account Instagram del marchio Police Lifestyle sfrutta al meglio questa politica, cercando influencer con un look che possa adattarsi allo stile del brand e fornendo loro i prodotti con cui scattare foto da pubblicare.

5. Sperimentare e usare le infografiche

Le infografiche sono immagini prodotte al computer che combinano elementi grafici e di testo per fornire informazioni fruibili con un colpo d'occhio o poco più. È immediatamente chiaro come, su un social improntato al visuale come Instagram, l'uso di infografiche possa diventare estremamente interessante.

Esistono moltissimi tipi di infografiche (per statistiche, per confrontare, per liste , informative, geografiche e così via). È importante scegliere la tipologia giusta per il messaggio che desiderate comunicare. Per testare il genere di infografica più gradita ai followers non si può far altro che sperimentare e analizzare i risultati. Per aiutarvi esistono moltissimi tool che permettono di creare infografiche d'impatto. Ricordate che, qualora l'infografica che volete condividere fosse troppo estesa per avere una buona resa in un singolo riquadro di Instagram, potete sempre suddividerla in quadrati successivi e pubblicare un album di immagini.

6. Raccogliere e pubblicare i contenuti dei followers

Quando abbiamo parlato della copertura organica, abbiamo fatto cenno all'importanza dei cosiddetti **UGC, user-generated content**, ovvero i contenuti prodotti dagli utenti e che parlano di voi. Un'ottima strategia da mettere in atto è quella di invitare gli utenti a inviarvi questi contenuti così che voi possiate raccoglierli e ripubblicarli sul vostro profilo aziendale. In questo modo avrete dei contenuti genuini, creati da chi utilizza i vostri prodotti, e che potrete impiegare per raccontare al pubblico le esperienze reali vissute tramite i vostri prodotti o servizi.

Un esempio in questo senso è l'account Instagram di Airbnb. Oltre a presentare agli utenti scatti di qualità degli alloggi messi a disposizione, condividono anche post creati dagli utenti riguardo alle esperienze e alle attività svolte mentre erano ospiti delle strutture Airbnb.

7. Analizzare e studiare il successo

Ciò che sicuramente tutti i Top Brand non mancano di fare è analizzare i dati relativi alle campagne di marketing. È assolutamente fondamentale, infatti, comprendere non solo *cosa* ha funzionato ma soprattutto *perché* ha funzionato. Per questo dovete analizzare accuratamente i dati statistici relativi alle vostre campagne marketing, per valutare i punti di forza e i punti deboli e, soprattutto, avere gli elementi per replicare il successo in futuro.

8. Essere creativi

La creatività è sempre la strada vincente per distinguersi dagli altri e non è sempre detto che dobbiate essere voi a produrvi in uno sforzo creativo diretto.
Ovunque vi troviate ci sono ottime probabilità che vicino a voi ci siano artisti giovani e di talento che aspettano solo un'occasione per guadagnare visibilità. Un'idea per dare un tocco in più al vostro profilo business può essere quella di collaborare con questi giovani artisti.
Un altro modo per avere contenuti freschi e originali può essere quello di creare dei contest tra gli utenti, mettendo in palio i vostri prodotti per le immagini più originali o i video più accattivanti.
O ancora, potete chiedere ai followers di taggare un amico nelle vostre immagini per ottenere una maggiore copertura.
Le possibilità sono praticamente infinite.

Strategie Instagram Black Hat

Da sempre si cerca di aggirare qualsiasi sistema online, che sia un semplice sito o complessi sistemi di ricerca. Il *black hat* (letteralmente "cappello nero") è rappresentato da tutte quelle persone che vogliono raggirare il sistema e scavalcare l'algoritmo per poterlo utilizzare a proprio vantaggio.

Ci sono stati diversi casi in passato in cui alcuni utenti cercarono di bypassare l'algoritmo di Google per spostare i propri siti in prima posizione nelle ricerche, ma Google corse subito ai ripari. Questa manovra è attuabile anche con Instagram, per bypassare la funzione dell'algoritmo e posizionare i post per ottenere un numero elevato di interazioni. Vediamo insieme alcune delle strategie di Instagram Black Hat. Sia chiaro: sono *cattive* strategie che hanno delle conseguenze, e vengono descritte perché siate in grado di riconoscerle ed evitarle.

Prima fra tutte è la strategia di aumentare la riprova sociale del proprio profilo attraverso **l'acquisto di followers**. Questa è una strategia che può essere utilizzata in 2 modi:

Aumentare i propri followers e avere una riprova sociale maggiore agli occhi di chi visita il vostro profilo, ma a rischio e pericolo che Instagram si accorga di quest'azione fraudolenta e blocchi l'account;

Aumentare illegalmente i followers della concorrenza in modo che riceva le sanzioni di Instagram.

La piattaforma è ormai in grado di accorgersi dell'acquisto di followers falsi in brevissimo tempo, e questo è un problema soprattutto se si verifica la seconda ipotesi: se un utente dovesse avere un incremento di 100mila followers dal nulla questo andrebbe a destabilizzare le sue statistiche, poiché avrebbe un tasso di coinvolgimento molto basso rispetto alla quantità di seguaci che possiede. Questo è un male soprattutto nel momento in cui si vuole mostrare le proprie statistiche al brand con cui si vuole collaborare. Stessa cosa vale per l'acquisto di like e commenti falsi. Nel breve termine si potrebbe avere un riscontro positivo, ma nel lungo termine i veri followers inizieranno a capire che quelle interazioni sono false, e dubiteranno della veridicità dei vostri contenuti.

Le aziende prediligono chiaramente un profilo con un certo numero di followers, ma sono attende al grado di interazione di questi.

Un'atra strategia di Black Hat è **usare il bot per ingannare il grado di coinvolgimento.** Questa è un'azione fraudolenta poiché le aziende, essendo interessato appunto a questo grado di coinvolgimento del profilo, possono pensare che un determinato account abbia tantissime interazioni e decidere di pagarlo per sponsorizzare un prodotto. La verità è che quelle interazioni sono false e l'azienda avrà pagato quell'account senza avere un ritorno dell'investimento, e consiste in una vera e propria truffa.

Un'altra strategia è quella di **"spammare" hashtag e parole chiave nei commenti dei propri post** con la speranza di aumentare il grado di interazioni o, viceversa, di **spammare commenti falsi all'interno dei post della concorrenza.** Questo non farà altro che aumentare il numero di segnalazioni sul vostro profilo e di conseguenza sarete bloccati da Instagram, che dal punto di vista del Black Hat sta prendendo seri provvedimenti e cerca in ogni modo di evitare situazioni spiacevoli. Questo è essenziale per la piattaforma per garantire un'esperienza degli utenti quanto più fluida e piacevole possibile.

Come crescere & Growth Hacking

Per crescere su Instagram, come in qualsiasi altro Business, bisogna seguire un metodo preciso e ogni mossa strategica deve avere un significato. Ogni azione deve portarvi un preciso risultato che dovete essere in grado di analizzare.

Quando si parte da zero la prima cosa che dovete fare è cercare gli hashtag per la vostra nicchia di riferimento e trovare i post con più interazioni. Dopodiché, essenzialmente, *spiate la concorrenza*.

Recatevi sui profili che hanno pubblicato i post di successo, assicurandovi che i loro contenuti siano attinenti al vostro business e alla vostra nicchia. Controllate i follower di questi profili, perché con molta probabilità saranno persone interessate a quell'argomento. Iniziate a seguirle—ma senza esagerare: Instagram, soprattutto per i nuovi account, è molto severo da questo punto di vista. Se cominciate a seguire più di 30 profili al giorno potreste rischiare di essere bannati, dunque è bene procedere con calma e cautela. Selezionate i profili che vi sembrano più attivi e reali, assicurandovi che il nome dell'account sia credibile e non composto da lettere e numeri a caso.

Dopodiché potete iniziare ad applicare alcune strategie sui vostri contenuti. Queste strategie vengono definite "Strategie di Growth Hacking" ovvero di lavoro sull'algoritmo della piattaforma (in questo caso Instagram) per fare in modo che questo agisca a vostro vantaggio.
La prima strategia per crescere su Instagram è quella di essere costanti nella pubblicazione. Non significa pubblicare ingenti quantità di contenuti: non importa il numero di post creati giornalmente, settimanalmente o mensilmente, bensì la costanza con la quale questi contenuti vengono pubblicati. Da questo punto di vista è bene avere un calendario editoriale, dove inserirete ogni post che volete pubblicare e la frequenza esatta che volete seguire.
L'algoritmo di Instagram premia coloro che pubblicano con una frequenza ben precisa (es: una volta al giorno, 3 volte alla settimana, ecc.). Se per caso vi ritrovate a pubblicare 10 foto in una settimana e poi per un mese non siete attivi, Instagram vi penalizzerà a farà calare il numero di interazioni con i post.
La scelta degli hashtag all'interno dei vostri post è molto importante perché vi consente di scalare la visibilità del vostro ambiente.

Instagram BOT

Un bot di Instagram vi permette di automatizzare tutte le interazioni del vostro account, come chi seguite, a chi mettete like, commenti ed eventuali messaggi direttti, permettendovi di apparire nei feed delle attività di molte altre persone in maniera del tutto automatica. Ciò aumenta il numero di volte in cui viene visualizzato il vostro nome utente, e di conseguenza aumenterà il numero di visualizzazioni del profilo, followers e clic sul sito web.

In sintesi, ci sono una serie di vantaggi nell'utilizzare un Instagram bot. Ad esempio:

- Risparmiare tempo;

- Far crescere l'account in maniera più rapida;

- Aumentare il flusso di utenti sul sito.

L'Instagram Bot ha diverse funzioni che permettono di automatizzare una serie di processi, ma non è proprio ben visto dalla piattaforma.
La chiave per sfruttare i vantaggi di un Instagram bot è mettere in piedi un'impostazione tale da rispettare le normative di Instagram, ed evitare quindi che l'account venga bannato.
Ci sono una serie di servizi per configurare il Bot, come **Instazood**, che consente di selezionare una gamma di opzione di targeting, fra cui:

- **Account**: filtra i follower degli account che vi interessano e che quindi trattano la vostra stessa nicchia;

- **Hashtag**: filtra gli account che utilizzano determinati hashatag;

- **Posizione**: filtra gli account in base alla posizione geografica;

- **Caratteristiche**: filtra gli account per genere, numero di follower, lingua e numero di post.

Per evitare che l'account venga bloccato è importante rispettare i termini d'uso della piattaforma, quindi ecco alcuni accorgimenti che dovete tenere in considerazione durante la configurazione del bot:

• **La velocità**: se iniziate a seguire (e non seguire) decine di account al giorno quando l'account è nuovo, quasi certamente Instagram si accorgerà di voi e vi considererà un'anomalia. Iniziare lentamente è la migliore soluzione;

• **La coerenza**: seguire centinaia di account che pubblicano contenuti totalmente diversi fra di loro e per tipologie di pubblico diversi attiverà il campanellino di Instagram. È bene impostare gli hashtag e gli account da seguire con una certa coerenza;

• **L'attività**: è importante analizzare manualmente i vari account che si sceglie di filtrare (ed inserire all'interno delle impostazioni del bot) per assicurarvi che tali profili siano attivi e pubblichino regolarmente;

• **Essere presenti**: è importante non lasciare tutto in mano all'automazione, ma interagire di persona all'interno dell'account in modo tale che Instagram non riscontri nessuna anomalia.

Queste informazioni potrebbero spaventare chiunque, ma praticamente tutti coloro che hanno un seguito importante su Instagram utilizzano i bot o qualunque forma di automazioni. Ad un certo punto diventa necessario per avere una crescita costante, coerente, senza bruciare tutte le proprie energie.

Instagram Marketing per aziende B2B

Alcuni sostengono che Instagram sia meglio per il B2C (Business to Consumer, l'azienda parla ai consumatori finali), Facebook per i Business locali, Pinterest per gli Ecommerce e Linkedin per il B2B (Business to Business, l'azienda parla ad altre aziende).

In verità hanno tutti torto, perché il vero segreto è saper utilizzare al meglio ogni piattaforma, ed ogni piattaforma può essere un ottimo mezzo per raggiungere i propri obiettivi.

Bisogna anche tenere conto che su Instagram sono presenti oltre 800.000 utenti attivi al mese, 500.000 utenti giornalieri, che probabilmente lo usano come mezzo di interazione online principale e lo preferiscono ad altri mezzi "convenzionali", quindi se non siete presenti sul social state perdendo una fetta molto importante di potenziali clienti. Inoltre Instagram non è utilizzato solo dai ragazzi che hanno un'età compresa fra i 18 e 25 anni, 1/3 degli utenti ha fra i 35 e i 49 anni.

È anche vero, però, che tra questi utenti c'è anche chi è presente solo per farsi pubblicità, dunque c'è molta concorrenza.

È quindi assolutamente possibile applicare Instagram Marketing per aziende B2B, certo, ma bisogna anche agire con intelligenza differenziandosi dalla concorrenza.

La prima strategia che può essere applicata fin da subito è la pubblicazione di post e storie dove vi vantate del vostro prodotto e lo mettete in mostra con orgoglio. Potete iniziare creando delle immagini che rappresentino alcuni dei vostri migliori lavori o i benefici dell'utilizzo dei vostri prodotti. Un'idea potrebbe essere quella di pubblicare le foto di persone che hanno acquistato il prodotto e che sono felici del risultato che hanno ottenuto. La mente umana cerca sempre conferme da altre persone, e vedere la foto di una persona reale è una delle migliori forme di prova sociale.

Inoltre, come già accennato in precedenza, su Instagram c'è molta concorrenza ed è quindi utile darsi un preciso *tone of voice* in modo da differenziarsi dalla massa.

Un'altra strategia è quella di fornire valore gratuitamente, come piccoli suggerimenti all'interno dei post o dei consigli utili nelle storie (soprattutto se siete un personal brand). Il vostro pubblico apprezzerà questo tipo di contenuti e non aspetterà altro che vederne di nuovi. Questa strategia viene anche utilizzata per convincere ulteriormente le persone ad acquistare e far sì che si fidino di voi.

All'interno dei contenuti di valore potreste includere degli "assaggi" dei prodotti, in modo tale da incuriosire chiunque fosse interessato a collaborare con voi, oppure mostrare il "dietro le quinte" del business per mostrare al pubblico come lavorate: le aziende sono spesso interessate a questo aspetto, per accertarsi che il vostro sia un business solido con cui vale la pena avviare una collaborazione.

Ad esempio, se siete *videomaker* potreste mostrare alcune fasi del montaggio di un video, o come avviate le registrazioni.

Un'ultima strategia che potete utilizzare è quella dello *storytelling*, per creare una storia entusiasmante del vostro business o della creazione di un prodotto o servizio in particolare. Lo storytelling viene utilizzato spesso nel copywriting e serve a dare una certa personalità al business, conferendogli un lato più umano. Le storie devono essere però scritte con la finalità di vendere qualcosa e non solo per incuriosire o intrattenere il visitatore.

Strumenti ed APP utili

Abbiamo visto che esiste il bot di Instagram per automatizzare alcuni processi per la crescita del profilo anche senza il vostro intervento manuale (o quantomeno riducendolo in gran parte). Ora vediamo quali sono gli altri strumenti che possono essere utilizzati per ottimizzare il vostro Marketing all'interno di Instagram.

Quando si crea un calendario editoriale, e quindi si programmano tutti i contenuti che devono essere pubblicati, il primo strumento che deve essere utilizzato è un tool che permetta la pianificazione di questi contenuti in maniera più automatica. Per fare ciò esiste Grum.

Grum rende possibile taggare eventuali amici/brand e può velocizzare il vostro lavoro permettendo di pubblicare su più account contemporaneamente. Ha un costo di $9.99 al mese.

Per quanto riguarda il monitoraggio un ottimo tool è senza dubbio **Awario**, e serve, in maniera più specifica, a monitorare i tag del vostro brand all'interno di altri contenuti e altre piattaforme web. Analizza anche la crescita e la portata dei tag e permette di fare una comparazione con la concorrenza. Ha un costo di $29 al mese.

Un altro ottimo tool in materia di monitoraggio è **Iconosquare**. In questo caso è possibile misurare il rendimento dei vostri post e quanto siano coinvolgenti. Sarà possibile scoprire quali sono i momenti migliori per pubblicare in relazione al vostro pubblico. Ha un costo di $39 al mese.

Hashtag for Likes invece è lo strumento essenziale per ricercare tutti gli hashtag di tendenza, e aiuta i brand a stare al passo con i tempi. Ha un costo di $9 al mese.

Per quanto riguarda la costruzione e creazione di contenuti fotografici, un ottimo strumento gratuito con funzioni a pagamento è **Canva**. All'interno di questa app online ci sono una serie di template utilizzabili fin da subito, ed è possibile selezionare in automatico il migliore formato per Instagram. È facilmente utilizzabile anche per chi non è esperto di grafica poiché risulta essere davvero molto intuitiva.

Per gestire il flusso di contenuti non controllato da voi, generato da contest o concorsi rivolti ai followers, potete utilizzare **Shortstack**, che raccoglie tutti i contenuti creati dagli utenti (come immagini e hashtag) tenendo traccia del rendimento delle vostre iniziative. Ha un costo di $29 al mese.

Quando invece volete monitorare gli utenti in modo più preciso e analizzarli singolarmente, potete utilizzare **Social Rank**. Vi permette di classificare i nostri follower in base al loro livello di interazione e filtrare il pubblico anche attraverso l'uso di parole chiave. È uno strumento molto prezioso ed è disponibile solo su richiesta.

Questi sono solo alcuni degli strumenti che potete utilizzare con Instagram. Ce ne sono migliaia, ognuno con la sua utilità (ed un suo costo). Utilizzare tools e app di questo tipo è essenziale, ma è ancora più importante farne un giusto uso senza violare le normative.

Conclusioni

Si chiude qui il nostro viaggio attraverso l'utilizzo di Instagram per il marketing aziendale e la costruzione di un personal brand. Nel complesso, Instagram è un social network che offre grandi possibilità per il marketing purché siate disposti a lavorare per costruire la vostra reputazione e interagire con i followers.

La freccia migliore al vostro arco è certamente lo storytelling, in tutte le sue sfaccettature e in tutti i possibili modi applicabili al content marketing.
Quindi raccogliete le idee e iniziate a raccontare le vostre storie ed esperienze. I followers non tarderanno ad arrivare.

Disclaimer

Tutti i marchi registrati e loghi citati in questo libro apparten-
gono ai legittimi proprietari.

L'autore non pretende né dichiara alcun diritto su questi marchi,
citati solo a scopo didattico.

Sebbene i contenuti di questo libro vengano periodicamente
aggiornati e modificati, non l'autore non può escludere che al
loro interno vi possano essere errori e/o omissioni che in qualche
modo mettano in dubbio la correttezza delle notizie fornite.

L'autore in questo caso non si ritiene in alcun modo responsabile
di eventuali danni conseguiti a quanto pubblicato. Anche l'ela-
borazione dei testi, seppure curata con scrupolosa attenzione,
non può comportare specifiche responsabilità per involontari errori o inesattezze.

NOTE

www.ingramcontent.com/pod-product-compliance
Lightning Source LLC
Chambersburg PA
CBHW071137050326
40690CB00008B/1490